『道徳教育』PLUS

小学校
「特別の教科 道徳」の
通知表文例318
NG文例ガイド付

『道徳教育』編集部 編

明治図書

はじめに

2018年4月から「特別の教科　道徳」が全面実施となり，教科書が配布され，新たな道徳科の授業が始まりました。

そこで，昨年は新たな教科書教材の研究や，「考え，議論する」道徳への転換を目指した新指導法の研究が推し進められると期待されましたが，それよりも注目されたのは，評価だったように感じます。それだけ，評価に対する疑問ととまどいが解消されないまま，スタートを切ったということでしょうか。

昨年耳にした評価への不安は，例えば，

- ・そもそも，子供の内面を評価してよいのか
- ・授業中の子供の姿を見取るには，どんな方法があるのか
- ・通知表の記述をどのように書けばよいのか
- ・大くくりなまとまりを踏まえた評価とは何か
- ・毎学期記入するのか，3学期のみ記入するのか

というようなものでした。

特にその中でも，所見の記述に対する不安は大きいようです。もしかすると，学習指導要領解説に書かれた「大くくりなまとまりを踏まえた評価」という言葉が，「1時間の1場面を切り取った記述は厳に慎む」と理解され，所見の記述を難しいものにしてしまったという一面もあるかもしれません。

そこで本書では，これらの疑問を解消するとともに，通知表の所見文例とNG文例を数多く紹介することに努めました。結果的に300以上の所見文例を集めることができましたので，学級のそれぞれの子供に合った文例を見つけることができると思います。

また，道徳科の評価は，道徳性そのものの評価ではなく，成長の様子を見取るものであり，あくまでも個人内評価です。「他の子に比べて○○です」などの記述はすべきではありません。他にも所見を書く際に気をつけるべきポイントがあります。これらは，NG文例の欄で示しました。

本書の文例は，掲載されたままのかたちで活用することもできますが，それぞれの学級の実態や，地域や学校の方針に合わせ，クラスの子供の顔を思い浮かべながら，適宜内容を加除修正してご活用いただきたいと願っております。

目 次

はじめに

1章
「特別の教科　道徳」の評価

1	道徳教育の評価を充実させるための基本的理解1 ―子供への素朴な願いをかなえるのが学校における道徳教育―	……8
2	道徳教育の評価を充実させるための基本的理解2 ―学校教育全体を通してどのように道徳教育を行うのか―	……10
3	道徳教育の評価をどのように行うか ―各教科等における道徳教育，日常生活における道徳教育の評価―	……12
4	「特別の教科　道徳」の子供への評価の基本	……14
5	「特別の教科　道徳」の具体的な評価の仕方	……16
6	子供たちのよさを見取り保護者に信頼される評価の研修の充実を	……18

2章
「特別の教科　道徳」の
所見の書き方のポイント

1	所見の構成要素	……22
2	所見の組み立て方	……26
3	所見作成時の留意事項	……30

3章

「特別の教科　道徳」の
通知表記入文例　ＮＧ文例付

記入文例の考え方・見方・使い方		……36
Ａ－(1)	善悪の判断，自律，自由と責任	……38
Ａ－(2)	正直，誠実	……42
Ａ－(3)	節度，節制	……46
Ａ－(4)	個性の伸長	……50
Ａ－(5)	希望と勇気，努力と強い意志	……54
Ａ－(6)	真理の探究	……58
Ｂ－(7)	親切，思いやり	……62
Ｂ－(8)	感謝	……66
Ｂ－(9)	礼儀	……70
Ｂ－(10)	友情，信頼	……74
Ｂ－(11)	相互理解，寛容	……78
Ｃ－(12)	規則の尊重	……82
Ｃ－(13)	公正，公平，社会正義	……86
Ｃ－(14)	勤労，公共の精神	……90
Ｃ－(15)	家族愛，家庭生活の充実	……94
Ｃ－(16)	よりよい学校生活，集団生活の充実	……98
Ｃ－(17)	伝統と文化の尊重，国や郷土を愛する態度	……102
Ｃ－(18)	国際理解，国際親善	……106
Ｄ－(19)	生命の尊さ	……110
Ｄ－(20)	自然愛護	……114
Ｄ－(21)	感動，畏敬の念	……118
Ｄ－(22)	よりよく生きる喜び	……122

1章

「特別の教科　道徳」の評価

1 道徳教育の評価を充実させるための基本的理解1
―子供への素朴な願いをかなえるのが学校における道徳教育―

　保護者のみなさんは，我が子をどのような思いで育てられているでしょうか。誰もが，人間として心豊かにしっかりと生きてほしい，と願われるはずです。その素朴な願いをかなえるのが学校における道徳教育です。

道徳教育は自ら進んで道徳的実践ができる子供を育てるのが目標

　学校の道徳教育の目標は，「自己の生き方（人間としての生き方）を考え，主体的な判断の下に行動し，自立した人間として他者と共によりよく生きるための基盤となる道徳性を養うこと」（カッコ内は中学校）と学習指導要領に記されています。小学校と中学校では表現が違いますが，一緒に考えた方が理解しやすいので，そのようにして見ていきます。

　この文面からいえば，道徳教育は道徳性を養うことを目標とする，ということになります。学習指導要領解説では，道徳性を「道徳的価値が統合されたもの」と捉えているので，基本的な道徳的価値が示されている道徳の指導内容を指導するということになります。

　そのことを，トータルとしての子供の姿で示す必要があります。道徳教育の目標は，目指すべき子供の姿が描けるような表現になっています。

　ポイントが二つあります。まず，「人間としての自分らしい生き方をしっかり考えられる」子供です。この世に生まれてきた以上，誰もがかけがえのない生命をもっています。その生命をしっかりと生きていくことこそ，全ての子供たちに課せられた課題です。保護者も，当然それを願います。では，しっかりと生きるとはどういうことでしょう。私たちは，誰もが人間としての生命をもらっています。つまり，人間としての自分の生命を成長させるということです。人間として生きるとはどういうことでしょうか，自分らしく生きるとはどういうことでしょうか。そのことをしっかり考えながら人間としての自分らしい生き方を考えられる子供たちを育てるのが学校における道徳教育なのです。

　それだけではありません。二つ目のポイントは，人間としての自分らしい生き方を追い求めて，日常生活や様々な学習活動，これからの自らの人生において，「主体的に判断し行動できる」子供です。道徳教育は，人間としての自

分らしい生き方を考えるだけでは十分ではありません。そのことを実際に追い求めて，自分を成長させ，みんなと一緒によりよい社会を築いていける子供たちを育てるのです。そうでなければ，よりよい自分もよりよい社会も存在しません。しかし，それは容易ではありません。だからこそ，教師が一丸となって，家庭や地域とも連携して道徳教育に取り組む必要があります。子供たちはいろいろなところで，悩み，葛藤し，チャレンジしながら成長していきます。そのことを通して自立した人間になっていきます。そういう子供たちが一緒になってよりよい社会を創っていきます。そのトレーニングをする場が学校です。

道徳教育は道徳的行為の指導が不可欠

　道徳教育の目標を一言でいえば，自律的に道徳的実践ができる子供を育てることです。保護者のみなさんが願っている道徳教育と同じであることが確認できると思います。
　このような道徳教育に対して，押しつけの道徳教育だという批判があります。それには理由があります。道徳教育は，最終的には道徳的実践ができる子供たちを育てるわけですから，どうしても行為の指導に力点が置かれがちです。内面が育っていないのに行為を指導するとどうしても押しつけ的になってしまいます。
　幼児期であれば，まだ思考力が十分に発達していないことから，しつけとして行為を押しつけることも行われます。それは仕方のないことであり，むしろ必要なことと捉えることもあります。しかし，成長に合わせて，考える力がついてきますから，一方的な行為の指導は子供たちの反発をまねきますし，そのような行為は道徳的でないといった批判も出てきます。子供たちの生活の場が共同性や社会性を広げていくと，様々な道徳的行為が求められることから，ますます反発も強まっていきますし，社会の批判も多くなります。
　道徳的価値は，ほとんどが具体的な姿や具体的な行為と結びつけて考えます。社会的通念で，このような道徳的価値意識をもっていればこのように行動すべきだ，行動するはずだと解釈してしまいます。そして大人の感覚でこうしなさい，こうすべきだなどと言ってしまいます。そこから，様々な問題が起こります。「周りの大人はそのように行っていない」「なぜ自分たちだけ強制されるのか」といった子供たちの反発や，「そのような行為は現在では通用しない」「社会的通念と言っているがそのこと自体が間違っている」といった社会的反発も出てきます。
　だからこそ，学校における道徳教育は，内面的な指導をしっかり行わなければいけないのです。そして，内面と具体的行為とを子供たち自身が結びつけられるようにしていく必要があります。それは，実践を通して内面を見つめ直すことによっても可能です。このようなことに総合的に取り組んでいくのが学校における道徳教育です。だからこそ，学校教育全体を通しての道徳教育を行うのであり，要としての「特別の教科　道徳」が必要なのです。

（押谷　由夫）

2 道徳教育の評価を充実させるための基本的理解2
―学校教育全体を通してどのように道徳教育を行うのか―

　学校教育において道徳教育はどのようになされるのかについて，学習指導要領に即して見ていきます。学習指導要領の総則には「学校における道徳教育は，特別の教科である道徳（以下「道徳科」という。）を要として学校の教育活動全体を通じて行うものであり，道徳科はもとより，各教科，外国語活動，総合的な学習の時間及び特別活動のそれぞれの特質に応じて，児童の発達の段階を考慮して，適切な指導を行うこと」と明記されています。ここに，学校における道徳教育の構造が明確に示されています。

「特別の教科　道徳」で何を育てるのか

　では，それぞれの特質に応じた道徳教育を，どのように考えればよいのでしょうか。まず，要である「特別の教科　道徳」の目標は，「よりよく生きるための基盤となる道徳性を養うため，道徳的諸価値についての理解を基に，自己を見つめ，物事を（広い視野から）多面的・多角的に考え，自己の生き方（人間としての生き方）についての考えを深める学習を通して，道徳的な判断力，心情，実践意欲と態度を育てる」（カッコ内は中学校）となっています。ここでも，小学校と中学校を一緒にして理解する必要があります。

　「特別の教科　道徳」の目標にある言葉を図式化すると次のようになります。道徳の授業においては，三つのキーワードで示すことができます。一つ目は「道徳的諸価値の理解」。二つ目は「自己を見つめる」。三つ目は「物事を多面的・多角的に考える」です。この三つのキーワードは別々にあるのではなく，全て関わらせて指導していく必要があります。そのことを通して，「人間としての自分らしい生き方についての考えを深める」学習が保障されなければならないことが記されています。

　「道徳的諸価値の理解」は，基本的には道徳の指導内容に示されている道徳的価値について理解することです。それは，自分を見つめる判断基準，あるいはいろいろな状況の中でどうすればよいかを考える判断基準になります。「自己を見つめる」とは，人間としての自分らしい生き方という視点から，今の自分，今までの自分，これからの自分を捉え直していくこと。さらに，いろいろな状況の中で自分はどうすればよいのかを考えていくことです。「物事を多面

的・多角的に考える」というのは，いろいろな道徳的な事象や道徳的な状況の中で，どのように対応することが，人間としての自分らしい生き方になるのかを様々なことを考慮しながら考えることです。そして，それらの学びを通して「人間としての自分らしい生き方についての考えを深め」られるようにするのが「特別の教科　道徳」の目標です。「特別の教科　道徳」の評価においては，これらが一人一人の中でその子のよさとしてどのように成長しているかを見取っていくことになります。

「特別の教科　道徳」を要に各教科等の特質に応じた指導で育む道徳性

「特別の教科　道徳」の評価において，もう一つ押さえておかねばならないことがあります。それは道徳性の諸様相です。具体的にいえば，道徳性を構成する基本的な道徳的価値（それが内容項目の中に示されています）に対して，道徳的判断力，道徳的心情，道徳的実践意欲・態度（道徳性に係る知・情・意と捉えられます）を，計画的・発展的に指導し道徳性全体を高めていくのです。

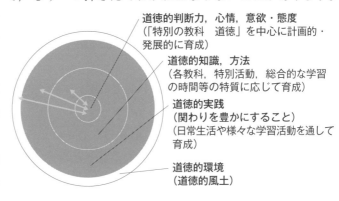

これらは当然のことながら，学校教育全体で取り組む道徳教育においてもそれぞれの特質に応じて指導されます。各教科等では，それぞれの特質に応じて，道徳的な知識や道徳的な実践方法や探究方法などについても指導されます。また，日常生活や様々な学習活動においては道徳的実践の指導が行われます。そして，日常的に環境を通しての指導が行われます。

「特別の教科　道徳」は，それらを踏まえて，全ての根幹にある三つの道徳性の諸様相に対して計画的・発展的に指導するのです。この意味において，道徳教育の要としての役割を果たすことになります。

なお，各教科，外国語活動（小学校のみ），総合的な学習の時間，特別活動，全てにおいて，学習指導要領には「第1章総則の第1の2の(2)に示す道徳教育の目標に基づき，道徳科などとの関連を考慮しながら，第3章特別の教科道徳の第2に示す内容について，○○（各教科等が入ります）の特質に応じて適切な指導をすること」と記されています。各教科，外国語活動（小学校のみ），総合的な学習の時間，特別活動，全てにおいて，道徳の内容項目に関わって，各教科等の特質に応じた指導がなされているかを評価する必要があります。それは，「特別の教科　道徳」と関わらせることによって，より具体的に見取ることができます。

（押谷　由夫）

3

道徳教育の評価をどのように行うか
―各教科等における道徳教育，日常生活における道徳教育の評価―

　評価は，指導とあわせて行われます。道徳教育の評価も同様です。指導との関連で，大きく次の三つの側面から行うことになります。一つは，「特別の教科　道徳」の評価，二つは，各教科等における評価，三つは，日常生活における評価です。ここでは，各教科等における評価と日常生活における評価について見ていきます。

各教科等における道徳教育の評価

　各教科等における評価については，中央教育審議会初等中等教育分科会教育課程部会が2019年1月21日に「児童生徒の学習評価の在り方について（報告）」を公表しています。新学習指導要領では，各教科等の目標をこれから求められる資質・能力の三つの柱にしたがって示しています。一つは「知識及び技能」，二つは「思考力，判断力，表現力等」，三つは「学びに向かう力，人間性等」です。道徳教育は，人間としての自分らしい生き方を考え，日常生活や様々な学習活動において主体的に追い求めて自己を形成し，共によりよい社会を創っていこうとする子供たちを育てることを目指していることから，これらの全てが関わりますが，特に三つ目の「学びに向かう力，人間性等」と深く関係します。一言でいえば，その学びに対してしっかりとした目的意識をもっているか，そしてその目的意識をよりよい自分やよりよい社会の創造へとつなげているかということです。

　報告では，「『学びに向かう力・人間性』には①『主体的に学習に取り組む態度』として観点別評価（学習状況を分析的に捉える）を通じて見取ることができる部分と，②観点別評価や評定にはなじまず，こうした評価では示しきれないことから個人内評価（個人のよい点や可能性，進歩の状況について評価する）を通じて見取る部分があることに留意する必要がある」とされていることを記し，指導要録に示す評価では「主体的に学習に取り組む態度」の評価を求めています。では，②の「個人内評価を通じて見取る部分」はどうするのでしょうか。報告では，「学びに向かう力，人間性等」の評価は，①と②に留意し，「新学習指導要領に示された，各教科等における学びに向かう力，人間性等に関わる目標や内容の規定を踏まえ，各教科等の特質に応じた評価方法の工夫改善を進めることが重要である」と示されています。

　つまり，「個人内評価を通じて見取る部分」は観点別評価の中には入れなくてよいが，しっかりと見取ることは必要だということです。この部分は各教科における道徳教育の評価と特に

関わります。「個人のよい点や可能性，進歩の状況」というのは，内面的な道徳性の発露にほかなりません。それぞれの学習活動を通して，その子なりによりよく生きようとしている姿を見取る必要があります。そこには，必ず道徳的価値が関わっています。道徳の内容項目と関わらせてそれらをメモしながら「特別の教科　道徳」の学習とつなげていくのです。このようなことは，もちろん「総合所見及び指導上参考となる諸事項」に記述することができます。

日常生活における行動の評価

　指導要録には，「行動の記録」の欄が設けられています。「行動の記録」には，「基本的な生活習慣」「健康・体力の向上」「自主・自律」「責任感」「創意工夫」「思いやり・協力」「生命尊重・自然愛護」「勤労・奉仕」「公正・公平」「公共心・公徳心」の項目があげられています。これらは，道徳の内容項目と関係しています。

　「行動の記録」の評価の仕方は，「各項目ごとにその学年別の趣旨に照らして十分満足できる状況にあると判断される場合には，○印を記入する」ことになっています。ここでは，目標に照らしての絶対評価になります。したがって，行動の評価については，それぞれの項目に対して，一定の基準を設けて，そこに到達しているかどうかで評価することになります。では，どう指導すればよいのでしょうか。指導と評価の一体化を考えた時に，行動のみの指導を行いがちですが，そうではありません。道徳教育の行動面に表れた評価と捉えると，道徳教育の目標は自律的に道徳的実践のできる子供たちを育てることであることから，内面の指導を充実させて，自らの判断で，それらの項目に関する実践ができるようにしていく必要があります。つまり，「特別の教科　道徳」の指導と，「行動の記録」にあげられている項目の行為に関わる指導をつなげていくことが求められます。このことを考慮せずに行為の指導を行うと，行為の押しつけ的道徳教育から脱皮できません。

道徳教育アセスメントの必要性

　道徳教育を充実させるためには，アセスメントが必要になります。アセスメントとは，目的を達成するために必要な実態調査のことです。道徳教育や「特別の教科　道徳」の評価は，指導へと生かしていく必要があります。通知表や指導要録には成長している姿を記述しますが，より正確に成長を見取るには，一人一人のよさを引き出すための実態把握が不可欠です。例えば，指導する道徳的価値に関わって，道徳的判断力，道徳的心情，道徳的実践意欲・態度の実態把握は，指導課題を見出すと同時に，その子のよさを引き出す窓口となるものです。また，相手の立場に立って考える力や自分を振り返る力，ものごとをポジティブに考える力の実態を把握し積極的に指導することによって，子供のよさを引き出すことができます。　　　（押谷　由夫）

4 「特別の教科　道徳」の 子供への評価の基本

「特別の教科　道徳」の評価に求められるもの

　学習指導要領では，「学習状況や道徳性に係る成長の様子を継続的に把握し，指導に生かす」ことに係る評価を求めています。その後，「『特別の教科　道徳』の指導方法・評価等について（報告）」がまとめられ，同時に各自治体に局長名で文部科学省通知が出されました。その中で，次の留意点をあげています。

1．観点別や分析的な評価は妥当ではないこと
2．一定のまとまりの中で振り返る場面を適切に設定し見取ること
3．他の児童生徒との比較による評価ではなく，児童生徒がいかに成長したかを積極的に受け止めて認め，励ます個人内評価として記述式で行うこと
4．個々の内容項目ごとではなく，大くくりなまとまりを踏まえた評価とすること
5．学習活動において児童生徒がより多面的・多角的な見方へと発展しているか，道徳的価値の理解を自分自身との関わりの中で深めているかといった点を重視すること

　以上のことを踏まえて「特別の教科　道徳」の評価の特徴をまとめると次のようになります。

①よりよく生きようとする心を子供自身がいかに引き出し伸ばしたかを評価する

　「特別の教科　道徳」の評価には，従来の評価観を180度転換するものであるという認識が必要です。つまり，教師が指導したことを，子供たちがどの程度理解し，身につけたかを中心とする評価観から，子供たちが本来もっているよりよく生きようとする心をいかに目覚めさせ，引き出し，伸ばしているかを中心とする評価観への転換です。子供たちは誰もがよりよく生きようとする心をもっており，その心を目覚めさせ，引き出し，子供たち自らが発展させていけるようにするのが道徳教育であるという捉え方からです。教育の原点であるといえます。

②子供自身の自己評価，自己指導を重視する

　道徳教育は，人間としての自分らしい生き方を考え，主体的に判断し，行動し，自己成長を図っていける子供たちを育てることです。その要としての「特別の教科　道徳」の評価は，子供自身が，いかに自分自身を見つめ，自己成長を図っているかを評価することになります。つまり，「特別の教科　道徳」の評価においても，各教科等の評価と同様に教師自身が指導の結果として子供への評価を捉え，それを踏まえてさらに指導の充実を図るという指導と評価の一

体化は重要です。それと同時に，特に子供自身が自己を評価し自己指導へとつなげていける評価が一層求められるということです。それが，子供たち一人一人の自律的な生き方を求める道徳教育の評価の基本的姿勢であるといえます。

③道徳教育の要としての役割を果たす評価を工夫する

　さらに，「特別の教科　道徳」は，授業内における子供たちの成長を評価することを原則とします。しかし，「特別の教科　道徳」は，学校教育全体で行う道徳教育と響かせて指導します。したがって，授業後における日常生活や様々な学習活動における様子をも視野に入れた評価を工夫する必要があります。ただ，そのことを求めると教師にはたいへんな負担になります。そこで，原則として授業内で見取れる成長を評価することとなっています。

子供に示す評価でしてはいけないこと

　以上のことを踏まえて，子供に示す評価において，してはいけないことを示すと次のことがあげられます。

①道徳性そのものを点数で評価しない

　道徳性は人格の基盤となるものです。したがって，道徳性そのものを点数で評価したり，不用意な評価を行ったりすべきではありません。道徳教育の要である「特別の教科　道徳」は，道徳性を構成する主要な道徳的価値について指導するのであり，道徳性全体を指導するわけではないのです。したがって，その評価も部分的なものになります。そのことを理解したうえで，指導の全体を見通して，一人一人の中で成長している姿を具体的な言葉で記述式で評価します。

②他の人と比較して評価しない

　「特別の教科　道徳」の評価は，相対評価ではなく，また，目標に対してどれだけ達成されているかを評価する絶対評価でもありません。その子自身が，目標に向かってどれだけ自分のよさを引き出し伸ばしているかを個人内評価するのです。今のその子の状態を基準にして，その子の中で成長していると見取れることを，記述式で評価します。

③よくないと思えるところをそのまま評価しない

　道徳教育は，子供たちのよいところを評価しますが，「よくないところは評価しなくていいのですか」という質問を受けます。よいと思えるところもよくないと思えるところも，それらは，全て成長の途上にあります。したがって，よいと思えるところもよくないと思えるところも，全て，よりよく生きるための課題として捉えられます。よくないと思えるところも，その子自身のよさを伸ばすうえでの窓口となるものです。課題に気づき，そこを自己成長の窓口として，どのように自己の成長を図っているかを記述式で評価します。

(押谷　由夫)

5 「特別の教科　道徳」の具体的な評価の仕方

評価の仕方のポイント

　以上の点を理解したうえで，どのように「特別の教科　道徳」の評価を行っていくのかについて見ていきます。特に次のようなポイントをあげることができます。

①実態把握で一人一人のよさを見つける

　授業においては，まず，ねらいに関わる一人一人の実態を把握する必要があります。実態を把握することは指導課題を明確にするとともに，授業を通して一人一人のよさを引き出す窓口を押さえることであるという捉え方が重要です。そのような実態把握をしながら，意図的指名も含めて，一人一人のよさを引き出す授業を組み立てていきます。

②授業においては，ねらいに関わる道徳的判断力，道徳的心情，道徳的実践意欲・態度がどのように引き出されているかを把握する

　「特別の教科　道徳」では，道徳的判断力，道徳的心情，道徳的実践意欲・態度を計画的・発展的に育むことを目標としています。そのことを中心として，一人一人のねらいに関わるよさを引き出していくことになります。具体的には，問いかけがポイントです。道徳的判断力に関わる問いかけ，道徳的心情に関わる問いかけ，道徳的実践意欲・態度に関わる問いかけを工夫します。問いかけへの子供たちの対応は，話し言葉で，書くことで，色や図や表示などで，身体表現で，など多様に考えられます。それらの記録を積み上げていきます。子供たちに道徳ノートやワークシートに書いてもらったり，教師が座席表を用意し，授業中に気づいたことを簡単にメモしたりします。気になる子には授業後に個別に聞きます。

　それらの記録を見ながら，「より多面的・多角的な見方へと発展しているか」「道徳的価値の理解を自分自身との関わりの中で深めているか」といった点も押さえておく必要があります。

③子供たちの学習している状況を把握する

　「特別の教科　道徳」の評価においては，子供たちが授業を受けている姿勢そのものも重要な評価対象となります。授業の姿勢には，道徳性が反映されます。ねらいとは直接関係しないことであっても，その子のよさが発揮されていると捉えられれば，それをメモしておきます。「○○さんは，友達の意見をしっかり聞こうとしているね。いいぞいいぞ！」等と声をかけることによって，授業の道徳的雰囲気を創っていくこともできます。

④子供たちの自己評価を取り入れる

　「特別の教科　道徳」では，子供たち自身の自己評価を取り入れていくことが大切です。授業の終わりに，「○○（例えばねらいに関わる道徳的価値など）についてどのようなことを新しく発見しましたか」とか「友達の新たなよさを見つけられましたか」などと問いかけることもできます。また，「自分の意見を述べられましたか」「友達の意見をしっかり聞くことができましたか」「○○さんの立場で考えることができましたか」などと聞くこともできます。そして，学期の終わりに行った授業の一覧表を用意し，どの授業が一番心に残っているか（三つくらいでもよいです），それはどうしてかを尋ねます。さらに，この学期の道徳の授業で自分が成長したと思うことはどのようなことかを聞いてみます。それらを重視して子供たちが記録してくれたノートやワークシート，自分のメモなどをもとに評価文を考えていきます。

⑤授業以外での子どもたちの姿も把握する

　「特別の教科　道徳」の評価は，授業の中での子供たちの姿で評価することを原則としています。それはどのクラスでも行わなければいけないことです。そのうえで，授業外での子供たちの姿も把握していきます。「総合所見及び指導上参考となる諸事項」に書くこともできます。そして，それらの延長に「行動の記録」があると捉えられます。行動の記録は，子供たちの道徳性が行動面に表れた姿と捉えられるからです。それぞれの評価項目から子供たちの実態を把握し評価することになりますが，指導においては，「特別の教科　道徳」と日常生活における指導との響き合いが大切です。

　「特別の教科　道徳」の評価を通して，子供たちを生き生きとさせ，子供たちと保護者との心の交流と信頼関係を深めていくことが重要です。

多面的・多角的に考える力を評価する

　道徳の授業では，「多面的・多角的に考える」ことが強調されます。子供への評価においては，道徳的思考のスキルがどのように育っているかも見取る必要があります。図に示したのは，道徳的な事象や状況に対してどのように考えるかということです。まず直感的に考えることが大切です。そこから分析的思考へと移ります。その基本として，思考の視点移動が考えられます。相手や第三者などの立場から考える対象軸の視点移動。過去や結果，将来などから考える時間軸の視点移動。条件や状況を変えたり比較したりして考える条件軸の視点移動。本質から考える本質軸の視点移動です。その方法（スキル）を子供たちが身につければ応用力のある道徳的思考力を育てていけると考えられます。

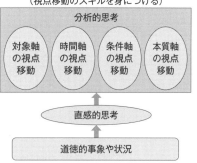

（押谷　由夫）

6

子供たちのよさを見取り
保護者に信頼される評価の研修の充実を

「特別の教科　道徳」の評価は難しいといわれます。道徳性は人格の基盤となるものであり，不用意な評価は許されないからです。そこから，できるだけ客観性をもたせた評価をするべきだという主張が出てきます。しかし，「特別の教科　道徳」の評価は，教師の観察を通して記述式で評価します。ここには主観が入ってきます。そこで悩んでしまいます。もう一度「特別の教科　道徳」の子供への評価は，何のためにあるのかを確認する必要があります。道徳教育は，家庭との連携が不可欠です。保護者と一緒になって，子供たちの道徳的成長を育んでいくのです。そのためには，保護者との信頼関係が大切です。「特別の教科　道徳」の評価は，保護者との信頼関係を強め，一緒になって子供の道徳的成長を応援するものでもあるのです。

保護者の信頼を得るために必要なこと

「特別の教科　道徳」の評価において，どうすれば保護者の信頼が得られるのでしょうか。特に，次のことがあげられます。

①評価の観点に共通性があること

まず，「特別の教科　道徳」の評価における客観性をどのように捉えるかです。「特別の教科　道徳」の評価は，目標への到達度を見る評価ではありません。目標に関わって自分のよさをどのように引き出しているかが評価されます。ここで求められる共通性は目標です。それは，学習指導要領に示されている指導内容と道徳性の諸様相ということになります。そして，それぞれにおいて，一人一人のよさをどのように見取っていくのかについての共通理解が必要です。そのためには，各指導内容に関わってどのような道徳的判断力や道徳的心情，道徳的実践意欲・態度が考えられるかを検討します。そこでは，段階的な発展も考慮する必要がありますが，それは，一人一人の状況に応じたよさの成長を見取る窓口にするということです。ただし，段階がはっきりとわかる評価を子供たちに示すことはだめです。そのことを押さえて，実際の授業で使用する教材をもとに，具体的に考えていきます。ねらいに照らして，どこの場面でどのような考えや感じ方や意欲・態度に関する表現が出てくるかを予測しておきます。これらは，評価の共通性を担保すると同時に授業の充実につながっていきます。

②その子独自のよさを見つける観点をもつこと

「特別の教科　道徳」の評価では，共通性を担保すると同時に，一人一人のよさを見つける

観点をもつことが大切です。共通性は目標やねらいに合わせて考えますが，個別性はその子に合わせて考えるということになります。それは日々の観察を通して見つけることができます。そのためには，その子が示す様々な表現に対して，どうしてそのような表現をするのかを，その子の立場に立って考えます。するとその子の思い（道徳的価値意識）が見えてきます。それは，今日の授業のねらいとあまり関係しない道徳的価値意識であるかもしれませんが，それも全体的な評価の中にしっかりと位置づけておきます。

③継続的な評価に基づく大くくりな評価を行うこと

　保護者の信頼感は，どれだけ我が子を見てくれているかに左右されます。信頼を築くためには，毎回の授業においてのデータを保管し，それをもとに大くくりな評価文を考えることが必要です。つまり，ノート指導を工夫し（ノートは家に持って帰りますから，そこにコメントを書いておくと保護者も見ることができます），教師側も座席表などを用意して気づいたことをメモしておき，それらをもとにしながら学期全体における評価文を書いていることを，保護者に知ってもらうようにするのです。毎週「道徳だより」を出して，授業の様子を知らせることも効果的です。そして，大くくりな評価とともに，授業の中で見られたよさの成長をピンポイントで書くことも求められます。そのことで，毎回の授業を踏まえての評価であることを理解してもらえますし，より具体的な評価文を書くことができます。

④子供たちや保護者が納得する評価にすること

　「特別の教科　道徳」の評価は，子供たちも保護者も納得するものでなければいけません。そのためにも，学期の最後の授業で，その学期で心に残った授業をあげてもらい理由も書いてもらう，学期全体を通して自分が成長したなと思うことを書いてもらうといったことを行います。そして同時に，保護者に，その学期の「特別の教科　道徳」の授業で指導した内容について一覧にして示し，その中で成長したなと思うものがあれば○をしてください（特に思うものには◎も）とお願いします。それらも参考にしながら評価文を書き，子供や保護者との個別面談の時に話題にする，などが考えられます。

「特別の教科　道徳」の評価の研修を充実させる

　上記の事柄は，学校全体で取り組む必要があります。このようなことを学校全体で研修をして取り組んでいるということが，保護者の信頼を得ます。時には保護者や地域の人々に参加してもらい意見を聞くことも大切です。また，研修の様子を学校だより等に掲載することも考えられます。「特別の教科　道徳」の評価の研修は，学校や教育に対する教師の意識も保護者の意識も変えていきます。子供の教育は，学校と家庭，地域が一体となって子供のよりよく生きる力を育んでいくことが大切なことと，その方法を再確認することができます。

（押谷　由夫）

2章

「特別の教科　道徳」の所見の書き方のポイント

1 所見の構成要素

所見に盛り込みたい三つの構成要素

Ⓐどんな学習活動の場面なのか：学習場面
Ⓑどんな学び方をしたのか　　：学習状況
Ⓒどんなよさがあったのか　　：学びの高まり

通知表の所見欄を眺めながら，何を書こうかと悩まれた方もいたことと思います。
例えば，下の①〜③のようなことを考えれば，自ずと所見に必要な要素が見えてきます。

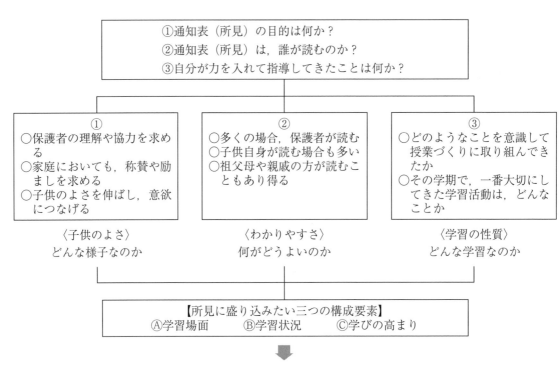

三つの構成要素の意味

　まず，保護者や子供に伝わらない所見では，先生方の努力が報われません。読む側が理解できないような所見を続けていては，教育的意義を感じないなれあいの作業になってしまいます。保護者は教育の専門家ではないという意識をもつことが必要です。また，子供にとっては，道徳科の授業でのがんばりをほめてもらったと納得できるものがよいと思います。
　そこで，この三つの要素を意識して所見を書いてみてはどうかという一つの提案です。
　もちろん，これ以外の要素も十分考えられます。

①構成要素Ⓐ：学習場面

どんな学習活動の場面なのか

```
【学習場面の例】
○親切，思いやりの学習では，……
○道徳科の学習においては，特に友達との対話の場面で，……
○協力することの大切さを話し合う学習では，……
```

　保護者や子供は，所見を読んで，どんな場面なのか，どんな学習をしている時なのか想像すると思います。
　学習指導要領解説には，指導要録において，大くくりなまとまりを踏まえた評価を行うよう示されています。
　「大くくりなまとまり」というのは，学期や年間等の一定期間のことです。
　1時間の授業だけで評価をするのではなく，継続的に子供の学習状況を把握していくことが求められます。
　なお，「大くくりなまとまりを踏まえた評価」とは，特定の教材や特定の授業について，特に取りあげて記述することを否定するものではないと考えます。
　学期等の一定期間を通して，授業中の学びの姿を把握し，蓄積した記録をもとに総括的に評価して記述したり，その中で特に顕著な学習状況を取りあげて記述したりしていくことが考えられます。
　大切なのは，保護者や子供が読んでわかることです。

②構成要素Ⓑ：学習状況

| どんな学び方をしたのか |

【学習状況の例】
○……手を差し伸べる思いやりと相手の立場を考えて見守る思いやりの二つを比較しながら話し合い……
○……教材の登場人物と自分を重ねながら学習に取り組み，自分自身の課題について考え……
○……運動会で友達と助け合った経験を思い出しながら話し合い，……

　道徳科の学習状況とは，単に「発言が多い」や「考えを書いている」等の様子ではありません。
　学習指導要領解説には，特に二つの着眼点で，子供の学習状況を把握していくことが示されています。

○道徳的価値の理解を自分自身との関わりの中で深めているかどうか
○一面的な見方から多面的・多角的な見方へと発展しているかどうか

　このような着眼点に沿って，子供の学び方を把握していくことが必要です。

　上記のような学習状況を把握していくには，指導者が，道徳科の目標に示されているような学習活動を行う必要があります。

【道徳科の目標に示されている学習】
◇道徳的価値について理解する学習
◇自己を見つめる学習
◇物事を多面的・多角的に考える学習
◇自己の生き方についての考えを深める学習

　このような学習を行った結果，子供に表れてくる学習状況を把握していくのです。
　指導者自身がどのような学習活動をつくっていくのか，その学期にどのような学習に力点を置くのか等，明確な意図をもって，授業に臨まなければ，道徳科の評価は成立しないと思います。

③構成要素Ⓒ：学びの高まり

| どんなよさがあったのか |

【学びの高まりの例】
○……，勤労の意義について，考えを広げることができました。
○……，正直に振る舞う大切さに気づくことができました。
○……，自分にとって何が大切なのか考えるようになってきました。

　道徳科における評価の考え方としては，道徳科の授業における学習状況がいかに成長したかを積極的に受け止めて認め，励ます個人内評価であることが前提です。道徳科の所見は，子供にとって励みとなるうれしい所見でなければならないということです。

　また，単に学習の様子のみを記述したのでは，そのことがよいことなのか，保護者や子供に伝わりにくい所見になるかもしれません。

　そこで，子供の学習状況を，価値づける表現をするとよいと思います。

三つの構成要素に基づいた所見例

| どんな学習活動の場面なのか |
| どんな学び方をしたのか |
| どんなよさがあったのか |

本当の友達とはどんな存在なのか考える学習では，　　　　　　　　Ⓐ学習場面
運動会で友達と助け合った経験を思い出しながら話し合い，　　　　Ⓑ学習状況
一緒にいて楽しいという考えから，認め励まし合う関係であると，　Ⓒ学びの高まり
考えを広げることができました。

　ここで示した三つの構成要素は一例です。子供の学びを継続的に把握し，伸ばすためにも学校または学年部などで，どのような要素で記述していくのか議論するべきだと思います。

(小野　勇一)

2 所見の組み立て方

所見ができるまでの道筋

指導

> 道徳科の目標に基づいた授業の実施（週1回の授業を原則に）

> エピソードノート（教師の記録簿）やワークシート等の子供の学びの記録を蓄積する
> ※日々の継続的な評価でもある

評価

> ①指導の振り返り：どんな指導をしてきたのか

> ②資料の整理：どんな事実（学びの姿）があったのか

> ③内容の決定：どんなことを伸ばしていきたいのか（称賛したいのか）

指導と評価に基づいた所見

> 三つの構成要素などを踏まえて書く

> 【所見に盛り込みたい三つの構成要素】
> Ⓐどんな学習活動の場面なのか：学習場面
> Ⓑどんな学び方をしたのか　　：学習状況
> Ⓒどんなよさがあったのか　　：学びの高まり
> ※三つの構成要素（本書の2章「1　所見の構成要素」参照）

指導―指導があってこその評価―

　週1時間の道徳科の学習が年間指導計画に基づいて確実に実施されなければ，そもそも評価を行う必要がありません。

　また，道徳科の特質に応じた授業を積み重ねていくことが大切です。道徳科の目標に示された学習を行わなければ，道徳性の育成につながるような子供の学習状況は生まれません。

　子供の未来に向かう心の活力を育てるために，そして通知表の記述は，自分自身の授業の評価であるという意識をもって日々の授業づくりに取り組みたいものです。

　絶対に忘れてはならないのは，通知表の記述が目的ではないということです。

　評価よりも，まずは授業です。

評価―自分の授業への評価という気持ちで―

①指導の振り返り
【どんな指導をしてきたのか】

　所見を書くためには，所見の内容となる資料集めから始めます。その資料集めの前に，その学期でどのようなことに力点を置き，授業を行ってきたのか，一度振り返ってみると資料集めの効率化につながると思います。つまり，指導者が力点を置いて指導したことが，学級の子供たちの学習状況にどの程度表れてきたのか，把握していくということです。

　このような取り組みは，自分自身の指導の振り返りになり，次学期の指導へとつながります。

②資料の整理
【どんな事実（学びの姿）があったのか】

　例えば，1学期は，「自己を見つめる学習」に力点を置いたとします。すると，道徳的価値について自分自身との関わりの中で深めているような発言記録やノートの記述などを集めていけばよいわけです。

　もちろん，学級の子供全員に，指導者が力点を置いた学習に対する反応が見られるわけではありません。子供によっては，その子なりの顕著ながんばりとして，多面的・多角的な学びの姿を見せている場合もあるでしょう。

　ノート，ワークシート，教師の記録簿，自己評価などの記録から，子供のよりよい学びの姿を取り出していくには，いくつかの視点をもって見ていくと効率的です。

　例えば，「自分自身との関わり」と「多面的・多角的」という視点であれば，次のような学び方が，具体的な子供の姿として考えられます。また，このような学びの姿は，日々の授業に

2章　「特別の教科　道徳」の所見の書き方のポイント　◆　27

おいても把握していく必要があります。

【自分自身との関わりの中で深めている姿】	【多面的・多角的な見方をしている姿】
・登場人物に自分を置き換えて考えている ・教材の問題場面に対して，自分だったら，どうするかを考えている ・日常生活などを想起しながら考えている ・今の自分の生活や言動を振り返っている	・道徳的行為を支える様々な理由を考えている ・自分と違う考え方を理解しようとしている ・大切さや難しさなど，道徳的価値の様々な面を考えている ・どのように行動すべきか，様々な視点から考えている

③内容の決定

【どんなことを伸ばしていきたいのか（称賛したいのか）】

　例えば，学期間の記録の蓄積から，一人の子供に対する資料が，五つ見つかったとします。しかし，所見欄には，文字数の制限やスペースに限りがあることでしょう。五つの事実を横並びにした時に，何を書くのかの決め手になるのが，指導者の子供に対する「思い」です。

　保護者に対しても子供に対しても，説明ができる教師の指導のかまえがあってこそ，教育効果の期待できる所見になっていくと考えます。

指導と評価に基づいた所見―三つの構成要素を踏まえて―

　これまで述べてきたことを整理すると，次のような図になります。

| 指導 | 評価 | ○どんな指導をしてきたのか
○どんな事実（学びの姿）があったのか
○どんなことを伸ばしていきたいのか（称賛したいのか） | ⇒ | 組み立てのための伝えるための | 【所見に盛り込みたい三つの構成要素】
Ⓐ学習場面
Ⓑ学習状況
Ⓒ学びの高まり |

では，所見の構成要素の組み立てについて考えてみましょう。

所見の構成要素の様々な組み立て

所見例1

家族について考える学習では， 自分が悩んだ時に心配してくれた家族のことを思い出しながら考え， 大切にされている今の自分に気づくことができました。	Ⓐ学習場面 Ⓑ学習状況 Ⓒ学びの高まり

28

所見例2

本当の自由とはどういうことか，友達と話し合う学習では，	Ⓐ学習場面
自由と自分勝手の違いについて理解し，	Ⓒ学びの高まり
自由のよさについて，自分にとって何が大切かを考えていました。	Ⓑ学習状況

所見例3

俳優・福本清三さんの生き方から，	Ⓐ学習場面
切られ役もなくてはならない役割の一つだと理解すると，	Ⓒ学びの高まり
自分の委員会活動の取り組みを振り返り，	Ⓑ学習状況
役割を果たすことは自分の自信にもつながると気づきました。	Ⓒ学びの高まり

所見例4

思いやりの学習では，	Ⓐ学習場面
友達の意見を聞きながら，手を差し伸べるだけでなく，	Ⓑ及びⒸ
見守る思いやりがあることに気づきました。	

○Ⓐ〜Ⓒの構成要素は，所見例1のように，必ずしもⒶ→Ⓑ→Ⓒという順番通りになるとは限りません

○所見例2のように，Ⓐ→Ⓒ→Ⓑという場合もあります

○所見例3のように，一つの要素が二か所に出てくる場合もあります

○所見例4のように，一つの表現の中に二つの要素が盛り込まれる場合もあります

　冒頭でも述べましたが，Ⓐ〜Ⓒの構成要素は，あくまでも一つの提案です。これ以外の要素も考えられますし，所見文を書く時の順序や枠組みでもありません。

　今回提案した三つの構成要素は，保護者等に伝えるための手がかりであり，道徳科の授業における子供の学習状況を把握する際の視点と捉えることができると思います。

（小野　勇一）

3 所見作成時の留意事項

通知表における道徳科の評価として不適切な記述

　通知表は，保護者の理解や協力を求める等の目的で作成します。保護者が読んでわからない言葉や不信感をもたれるような曖昧な記述等には留意する必要があります。
　例えば，次の①～⑦のような記述は不適切と考えます。

---

①道徳性そのものを評価した記述
②子供の性格等を記述
③学校生活の様子を記述
④どの教科にもあてはまるような記述
⑤専門的な用語を使った記述
⑥否定的な記述及び他と比較した記述
⑦根拠のない推測による記述

　上に示した①～⑦以外にも考えられますが，ここでは①～⑦について，具体的な「NG所見」の例を示していきたいと思います。
　「NG所見」の後に，「改善した所見例」を示しますが，必ずしも，最善の所見ではありません。「NG所見」と「改善した所見例」を比較することにより，道徳科の学習の特質や評価の考え方を再確認していただければと思います。

①道徳性そのものを評価した記述

NG：思いやりや親切について考える学習を通して，人を思いやる道徳的な心情が育ってきました。

改善：思いやりの学習では，手をさしのべるだけでなく，見守る思いやりがあることに気づきました。

NG所見は,「道徳的な心情が育ってきました」という記述が気になります。指導者の懸命で計画的な指導により, 道徳的心情は育っているかもしれません。しかし, 授業において, 内面的資質である道徳的心情が育ったかどうかは, 容易に判断できません。

　ですから, 授業の中で見られる子供の「学習状況」や「道徳性につながるような学習状況の成長の様子」を把握していくのです。また,「心情」だけでなく,「判断力が高まってきました」や「態度が育ちました」といった記述も注意が必要です。

②子供の性格等を記述

NG：授業では自分がその場面にいたら, どのように行動したかを考えるようになり, 性格も前向きになってきました。

改善：道徳科の授業では, 自分がその場面にいたら, どのように行動したかを考え, 発言するようになってきました。

　NG所見は,「性格も前向きになってきました」という記述が気になります。「明るくなってきた」「素直になってきた」等の子供の人格に関わるような内容を安易に文章にするものではありません。所見には,「自分がその場面にいたら, どのように行動したかを考え」とあります。この部分は, 道徳科の目標にある「自己を見つめる」という学習活動と考えられます。だから, このような学習状況に成長が見られたことを伝える内容にすればよいと思います。

③学校生活の様子を記述

NG：委員会活動では, 他の子が嫌がる仕事に率先して取り組み, 責任をもってやり遂げることができました。

改善：勤労についての学習では, 委員会での活動を振り返ることで, 役割と責任等の勤労の意義について, 考えを広げることができました。

　NG所見は, そもそも道徳科の学習のことではありません。道徳科の評価とは, 道徳科の授業における子供の学習状況等を継続的に把握するものです。

　したがって, 委員会活動や児童会活動, ボランティア活動等において, 子供が道徳的行為を発揮したとしても, 道徳科として評価することはしません。

　例えば, 授業の中で, 委員会活動での出来事を振り返りながら考えを深めたとすれば, その

ような学び方をしている子供の姿を記述し、認め励ますような所見にすることが考えられます。

④どの教科にもあてはまるような記述

NG：授業中の発言も多く、積極さを感じます。また、ノートの記述も丁寧で、とても見やすく整理されています。

改善：道徳科の学習では、授業の終わりに今の自分を振り返ったり、これからの自分を思い描いたりしながら、自分の考えをもつようになってきました。

NG所見は、そもそも道徳科の授業のことなのか疑問が残ります。どの教科にもあてはまるような記述しかできないのは、指導者が道徳科の学習の特質を理解できていないからです。

例えば、その子供が、「自己を見つめる」学習で成長が見られるならば、改善例のように、「自己を見つめる」学習の学び方を特に取りあげて記述することが考えられます。

⑤専門的な用語を使った記述

NG：どの授業においても、教材の登場人物に自我関与し、道徳的価値の自覚を深めることができました。

改善：道徳科の学習では、どの授業においても、教材の登場人物と自分を重ねながら学習に取り組み、自分の課題や自分にとって何が大切かを考えていました。

NG所見は、「自我関与」「道徳的価値の自覚」という専門用語が使用されています。通知表では、誰が読んでも理解できるような、平易な言葉を使用するよう心がける必要があります。

⑥否定的な記述及び他と比較した記述

NG：発言は少ないですが、他の子よりもよく考えています。ノートを見ると、考えを深めていることがわかります。

改善：道徳科の学習では、登場人物の立場になり、自分の考えを発言するようになってきました。ノートには、今の自分の課題や自分にとって大切なことをまとめていました。

道徳科の評価は，子供のマイナス面を強調したり，他と比べたりするような評価はしません。一人一人の子供のよさを認め励ます個人内評価です。

　NG所見の「発言は少ない」というのは，言い換えれば，「少しはある」ということになります。「発言は少ない」と言いきってしまえば，マイナスの印象だけを与えてしまいます。それよりは，「できるようになってきました」という記述の方が，その子なりの成長が伝わります。

　他の子と比べるのではなく，その子の4月の学び方と7月の学び方を比べて，その子なりの努力や成長の様子を記述していく等が考えられます。

⑦根拠のない推測による記述

> NG：正直に振る舞うことの大切さを述べていました。正直にできなかった時の経験が，大切さをより実感させたのだと思います。

> 改善：正直についての学習では，正直にできなかった時と正直になれた時の気持ちの両面を友達に伝えることにより，正直に振る舞う大切さに気づくことができました。

　NG所見にある「正直にできなかった時の経験」とは，何のことなのかわかりません。これを読んだ保護者は，うちの子は正直にできなかったことがあったのかと不安になるかもしれません。

　また，正直に振る舞うことの大切さを述べたことが，正直にできなかった時の経験と結びついているのか不明瞭です。このような安易な推測や予想による記述は保護者や子供の信頼を損なうことになりかねません。

留意事項のまとめ

①道徳性そのものを評価した記述　　　→　道徳性が育ったかどうかは判断が困難
②子供の性格等を記述　　　　　　　　→　性格に関わる記述は行わない
③学校生活の様子を記述　　　　　　　→　学校生活における行動の評価ではない
④どの教科にもあてはまるような記述　→　道徳科の学習とわかるような記述を
⑤専門的な用語を使った記述　　　　　→　誰が読んでもわかる平易な言葉で
⑥否定的な記述及び他と比較した記述　→　認めて励ます「個人内評価」の考え方で
⑦根拠のない推測による記述　　　　　→　安易な推測や予想による記述はしない

（小野　勇一）

3章

「特別の教科　道徳」の通知表記入文例
NG文例付

記入文例の考え方・見方・使い方

A−(1)

善悪の判断，自律，自由と責任

〔第1学年及び第2学年〕
　よいことと悪いこととの区別をし，よいと思うことを進んで行うこと。
〔第3学年及び第4学年〕
　正しいと判断したことは，自信をもって行うこと。
〔第5学年及び第6学年〕
　自由を大切にし，自律的に判断し，責任のある行動をすること。

内容項目の解説と授業のポイント

　自由を大切にし，自律的で責任のある行動をする子供を育てる内容項目です。価値観の多様な今日の社会では，よいことや悪いことの判断が的確にでき，行動に移す実践力を身につけることが求められています。善悪を判断し，自らが正しいと信じるところにしたがって主体的に行動するとは，自由を大切にするとともに，それに伴う自律性や責任を深く考え，自覚することを意味します。

　指導にあたっては，自由な考えや行動のもつ意味やその大切さを実感できるようにするとともに，自由に伴う自己責任の大きさについて多面的・多角的に理解させていくことが重要です。「善悪の判断，自律，自由と責任」を考える教材に，「うばわれた自由」（「かがやけみらい」学校図書）があります。この教材は，自分の思いのままに行動することが自由であると思っているジェラール王子が，その考えが誤っていることを森の番人ガリューに諭されますが聞き入れず，その後，王になったジェラール王が，国の乱れでとらわれの身となり，あらためて真の自由とは何かを考えるという内容です。ジェラールとガリューの自由に対する考えの違いを話し合うことで，自由のもつ意味や自由の大切さを多面的に捉えさせ，「本当の自由」について考えさせます。その際，規律を大切にしながら自制心をもって自律的に行動することが他者の自由を大切にすることであると気づかせ，それを実現することの大切さを考えさせていきます。

学習状況に注目した文例

授業中の発言・様子に注目した文例

　電車で席をゆずる場面を実際に演じてみる活動をした際，「恥ずかしかったけど，ありがとうと言われてうれしかった」と感想を述べ，よいと思うことができた時には，すがすがしい気持ちになることに気づくことができました。

　教材「よわむし太郎」の学習では，「本当の強さ」とはどういうことか，今までの自分の考えと比べながら考えを深めることができました。ペアでお互いの考えを交流する場面では，「ぼくが今まで思っていた強さと，本当の強さとは違っていた」と発言し，自分の考えを深めることができていました。

　よいことだと思っても行動できないことや，いけないことだと思ってもやめることができないのはどうしてか，教材を通して自分なりに深く考えることができました。グループで意見を交流させる中で，「正しいと思うことは自信をもって行うことが大切」と発言し，自分の考えに自信をもつことの大切さに気づくことができました。

　「本当の自由」とはどういうことなのか，授業を通して学級の仲間と真剣に話し合う様子が見られました。「自由と自分勝手は違う」という発言をし，自由な行動には責任も伴うことをクラスのみんなに気づかせてくれました。

道徳ノート・ワークシートに注目した文例

　道徳ノートに，登場人物の行動と似た自分のエピソードを書き，自分の経験を重ねて，その場面における主人公の気持ちを表現していました。授業の最後には，よいと思う行動は自信をもって実行していきたいと，今後どのように行動していきたいか具体的に書くことができました。

　教材「学校のかえりみち」の学習では，授業前の自分自身の善悪の判断について，日頃の言動を振り返っていました。授業の中で友達と意見を交流し，「どんなに仲がよくても，よくないと思うことは友達にもはっきり言いたい」と，強い気持ちをノートに書いていました。

　学級の仲間と意見を交わしていく中で，責任を果たすということについて考えることができました。ノートには，委員会活動や係活動について振り返り，自分に任された仕事について，意欲的に取り組もうとする記述が見られました。

内容項目の解説と授業のポイント

　3章では，内容項目ごとに記入文例を紹介しています。各内容項目の1ページ目では，内容項目の解説と授業のポイントについて明示しました。

　道徳科の評価にあたっては，「個々の内容項目ごとではなく，大くくりなまとまりを踏まえた評価とすること」という方針が示されており，1学期間・1年間の成長を見取っていくことが大切です。

　しかしながら，通知表の所見に記入する際は，特に成長の様子が見られた授業を取りあげて記入した方が，保護者に伝わりやすい場合があります。

　これらを踏まえ，本書では内容項目ごとに文例を示しています。

道徳性に係る成長の様子に注目した文例

自己評価等に注目した文例

道徳ノートには、授業前の自分自身の考え方を振り返る記述が多く見られました。「行動と責任」について考える授業では、「今までは、自分のしたいことをするのが自由だと思っていたけど、今日の授業で、本当の自由とは自分の行動に責任がもてることだとわかった」と、自分自身の考えの変容を記述することができていました。

教材「よわむし太郎」の学習では、「本当の強さを自分はまだもっていない」と振り返りカードに書き、今の自分自身を見つめることができました。また、「正しいと思ったことは自信をもって行えるようになりたい」と、日常生活の中で学んだことを生かしていこうとする姿が見られました。

教材「うばわれた自由」の学習では、「今まで自分が考えていた自由は、周りの人のことを考えない自分勝手な自由だった」と、今までの自分の考えと、授業を通して考えた自由についての違いに気づき、自由についての考えを深めることができました。

学期間・学年間における成長に注目した文例

教材「すっきりはればれ」の学習では、お年寄りに席をゆずるかどうかで迷う理由を、「恥ずかしい」「うまく言えるか自信がない」「ほめられたい」「助けてあげたい」など、様々な視点から考え、発言できるようになってきました。

授業で学んだことを、自分の生活の中でも生かしていきたいという思いをもつことができるようになってきました。「本当に「よいこと」とは何か、自分一人で決めるのではなく、いろいろな人の話を聞いたり、自分で調べたりしてじっくり考えて決めたい」と、いろいろな立場に立って物事を考えようとする力がついてきました。

授業で自分の考えを書いてきた今までのワークシートを読み返す活動を通して、自由な行動には、責任も伴うということに気づくことができました。来年から最高学年になる自分自身の姿を考えながら、責任ある行動とはどのようなものなのか、自分自身がどのように行動すべきか、自分なりに考えを深めることができました。

NG文例と言い換えポイント

NG文例

教材「あなたなら、どうする？」の授業では、役割演技を通して登場人物のパンダ君に自我関与することができました。友達の失敗をどのように捉え、判断し行動するかについて、話し合いを通して多面的・多角的に考えることができました。

> この文例のNGポイントは、「役割演技」と「自我関与」という部分です。どちらの言葉も道徳科においてよく使われる言葉です。しかし、通知表をもらった保護者がこの言葉の意味を理解することができるでしょうか。通知表は、誰が読んでもわかる言葉で綴る必要があります。「登場人物のパンダ君の役を実際に演じてみる活動を通して、自分だったらどうするか、自分事として考えることができました。友達の失敗をどのように捉え、判断し行動するかについて、話し合いを通して多面的・多角的に考えることができました」と具体的な言葉で伝えると保護者にもわかりやすくなります。

委員会活動では、周りの友達の意見に流されず、自分の意見を堂々と述べることができました。また、自分たちで決めた学級内でのルールについては、責任をもって守ろうとする行動が見られました。

> この文例は、道徳科の学習についての内容ではありません。道徳科の評価とは、道徳科の授業における子供の様子を継続的に把握することです。道徳科の授業の中で、委員会活動や学級内でのルールについて自己を振り返りながら考えを深めたとすれば、その時の道徳科の授業での子供の様子（発言やノートに書かれた記述等）を記述するようにします。

どの授業においても、集中して取り組んでいます。また、積極的に手をあげて発言したり、自分の考えを丁寧な字でノートにまとめたりすることができています。

> この文例では、道徳科だけで見られる様子なのか、その他の学習においても見られる様子なのか明確ではありません。「学習状況」を評価し、記述することは大切ですが、道徳科の目標に示されている学習活動における状況を具体的に記す必要があります。ここでは「自分ならどうするか、今の自分を振り返りながら本当の「自由」とは何か、自分の考えを発言したりノートに書いたりしています」とします。

(遠藤 直人)

記入文例とNG文例

2〜3ページ目では、記入文例を紹介しています。学級や学校の実態に合わせて文章に工夫を加えて、活用することが可能です。

4ページ目では、NG文例と言い換えポイントを紹介しています。道徳科の所見では、「思いやる心が育ってきました」「道徳的な態度が身についてきました」等、容易に判断ができない道徳性そのものについて記述することは、避けるべきだと考えられています。

この他にも、道徳科ならではのポイントが数多くあります。NG文例を理解することで、ポイントを押さえた所見を書くことが可能になります。

A−(1)

善悪の判断，自律，自由と責任

〔第1学年及び第2学年〕
　よいことと悪いこととの区別をし，よいと思うことを進んで行うこと。
〔第3学年及び第4学年〕
　正しいと判断したことは，自信をもって行うこと。
〔第5学年及び第6学年〕
　自由を大切にし，自律的に判断し，責任のある行動をすること。

内容項目の解説と授業のポイント

　自由を大切にし，自律的で責任のある行動をする子供を育てる内容項目です。価値観の多様な今日の社会では，よいことや悪いことの判断が的確にでき，行動に移す実践力を身につけることが求められています。善悪を判断し，自らが正しいと信ずるところにしたがって主体的に行動するとは，自由を大切にするとともに，それに伴う自律性や責任を深く考え，自覚することを意味します。

　指導にあたっては，自由な考えや行動のもつ意味やその大切さを実感できるようにするとともに，自由に伴う自己責任の大きさについて多面的・多角的に理解させていくことが重要です。

　「善悪の判断，自律，自由と責任」を考える教材に，「うばわれた自由」（『かがやけみらい』学校図書）があります。この教材は，自分の思いのままに行動することが自由であると思っているジェラール王子が，その考えが誤っていることを森の番人ガリューに諭されますが聞き入れず，その後，王になったジェラール王が，国の乱れでとらわれの身となり，あらためて真の自由とは何かを考えるという内容です。ジェラールとガリューの自由に対する考えの違いを話し合うことで，自由のもつ意味や自由の大切さを多面的に捉えさせ，「本当の自由」について考えさせます。その際，規律を大切にしながら自制心をもって自律的に行動することが他者の自由を大切にすることであると気づかせ，それを実現することの大切さを考えさせていきます。

学習状況に注目した文例

授業中の発言・様子に注目した文例

　電車で席をゆずる場面を実際に演じてみる活動をした際，「恥ずかしかったけど，ありがとうと言われてうれしかった」と感想を述べ，よいと思うことができた時には，すがすがしい気持ちになることに気づくことができました。

　教材「よわむし太郎」の学習では，「本当の強さ」とはどういうことか，今までの自分の考えと比べながら考えを深めることができました。ペアでお互いの考えを交流する場面では，「ぼくが今まで思っていた強さと，本当の強さとは違っていた」と発言し，自分の考えを深めることができていました。

　よいことだと思っても行動できないことや，いけないことだと思ってもやめることができないのはどうしてか，教材を通して自分なりに深く考えることができました。グループで意見を交流させる中で，「正しいと思うことは自信をもって行うことが大切」と発言し，自分の考えに自信をもつことの大切さに気づくことができました。

　「本当の自由」とはどういうことなのか，授業を通して学級の仲間と真剣に話し合う様子が見られました。「自由と自分勝手は違う」という発言をし，自由な行動には責任も伴うことをクラスのみんなに気づかせてくれました。

道徳ノート・ワークシートに注目した文例

　道徳ノートに，登場人物の行動と似た自分のエピソードを書き，自分の経験を重ねて，その場面における主人公の気持ちを表現していました。授業の最後には，よいと思う行動は自信をもって実行していきたいと，今後どのように行動していきたいか具体的に書くことができました。

　教材「学校のかえりみち」の学習では，授業前の自分自身の善悪の判断について，日頃の言動を振り返っていました。授業の中で友達と意見を交流し，「どんなに仲がよくても，よくないと思うことは友達にもはっきり言いたい」と，強い気持ちをノートに書いていました。

　学級の仲間と意見を交わしていく中で，責任を果たすということについて考えることができました。ノートには，委員会活動や係活動について振り返り，自分に任された仕事について，意欲的に取り組もうとする記述が見られました。

3章 「特別の教科 道徳」の通知表記入文例 NG文例付 ◆ 39

道徳性に係る成長の様子に注目した文例

自己評価等に注目した文例

　道徳ノートには，授業前の自分自身の考え方を振り返る記述が多く見られました。「行動と責任」について考える授業では，「今までは，自分のしたいことをするのが自由だと思っていたけど，今日の授業で，本当の自由とは自分の行動に責任がもてることだとわかった」と，自分自身の考えの変容を記述することができていました

　教材「よわむし太郎」の学習では，「本当の強さを自分はまだもっていない」と振り返りカードに書き，今の自分自身を見つめることができました。また，「正しいと思ったことは自信をもって行えるようになりたい」と，日常生活の中で学んだことを生かしていこうとする姿が見られました。

　教材「うばわれた自由」の学習では，「今まで自分が考えていた自由は，周りの人のことを考えない自分勝手な自由だった」と，今までの自分の考えと，授業を通して考えた自由についての違いに気づき，自由についての考えを深めることができました。

学期間・学年間における成長に注目した文例

　教材「すっきりはればれ」の学習では，お年寄りに席をゆずるかどうかで迷う理由を，「恥ずかしい」「うまく言えるか自信がない」「ほめられたい」「助けてあげたい」など，様々な視点から考え，発言できるようになってきました。

　授業で学んだことを，自分の生活の中でも生かしていきたいという思いをもつことができるようになってきました。「本当に『よいこと』とは何か，自分一人で決めるのではなく，いろいろな人の話を聞いたり，自分で調べたりしてじっくり考えて決めたい」と，いろいろな立場に立って物事を考えようとする力がついてきました。

　授業で自分の考えを書いてきた今までのワークシートを読み返す活動を通して，自由な行動には，責任も伴うということに気づくことができました。来年から最高学年になる自分自身の姿を考えながら，責任ある行動とはどのようなものなのか，自分自身がどのように行動すべきか，自分なりに考えを深めることができました。

NG文例と言い換えポイント

NG文例

　教材「あなたなら，どうする？」の授業では，役割演技を通して登場人物のパンダ君に自我関与することができました。友達の失敗をどのように捉え，判断し行動するかについて，話し合いを通して多面的・多角的に考えることができました。

　　この文例のNGポイントは，「役割演技」と「自我関与」という部分です。どちらの言葉も道徳科においてよく使われる言葉です。しかし，通知表をもらった保護者がこの言葉の意味を理解することができるでしょうか。通知表は，誰が読んでもわかる言葉で書く必要があります。「登場人物のパンダ君の役を実際に演じてみる活動を通して，自分だったらどうするか，自分事として考えることができました。友達の失敗をどのように捉え，判断し行動するかについて，話し合いを通して多面的・多角的に考えることができました」と具体的な言葉で伝えると保護者にもわかりやすくなります。

　委員会活動では，周りの友達の意見に流されず，自分の意見を堂々と述べることができました。また，自分たちで決めた学級内でのルールについては，責任をもって守ろうとする言動が見られました。

　　この文例は，道徳科の学習についての内容ではありません。道徳科の評価とは，道徳科の授業における子供の様子を継続的に把握することです。道徳科の授業の中で，委員会活動や学級内でのルールについて自己を振り返りながら考えを深めたとすれば，その時の道徳科の授業での子供の様子（発言やノートに書かれた記述等）を記述するようにします。

　どの授業においても，集中して取り組んでいます。また，積極的に手をあげて発言したり，自分の考えを丁寧な字でノートにまとめたりすることができています。

　　この文例では，道徳科だけで見られる様子なのか，その他の学習においても見られる様子なのか明確ではありません。「学習状況」を評価し，記述することは大切ですが，道徳科の目標に示されている学習活動における状況を具体的に記す必要があります。ここでは「自分ならどうするか，今の自分を振り返りながら本当の『自由』とは何か，自分の考えを発言したりノートに書いたりしています」とします。

（遠藤　直人）

3章　「特別の教科　道徳」の通知表記入文例　NG文例付　◆　41

A−(2)

正直，誠実

〔第1学年及び第2学年〕
　うそをついたりごまかしをしたりしないで，素直に伸び伸びと生活すること。
〔第3学年及び第4学年〕
　過ちは素直に改め，正直に明るい心で生活すること。
〔第5学年及び第6学年〕
　誠実に，明るい心で生活すること。

● 内容項目の解説と授業のポイント

　うそやごまかしをしてしまう弱い心は，誰もがもっています。その弱さを乗り越え，誠実に生きていくことの大切さについて考えさせる内容項目です。自分の良心に照らして正しいと思える行動をとることは，自分の内面を満たすだけでなく，集団生活の中で，自分と他者との誠実な人間関係が築かれていくことにもつながります。指導にあたっては，うそやごまかしは，一時しのぎにすぎず，真の解決に至らないと同時に，周りの人に迷惑をかけてしまうだけでなく，自分自身の中にも後悔や自責の念が生じることに気づかせます。そして，それらを乗り越え，過ちは素直にあらため正直にすることにより，伸び伸びと明るい心で生活していけることにつながっていくという点を押さえます。

　「正直，誠実」を考える教材に，「手品師」（『かがやけみらい』学校図書）があります。この教材は，腕はいいが売れない手品師が，町で出会った男の子に翌日も手品を見せる約束をしたその日に友人から大劇場出演の依頼がきて，迷った末に男の子との約束を選ぶという内容です。授業のまとめでは，「誠実」とは何なのか，自分なりの言葉で表現させます。自分が手品師だったらどちらを選ぶのかを考えさせ，選んだ理由や，それを実行した時の気持ちなどについて話し合うことが授業の中心となります。自分の気持ちに正直に選ぶことの大切さと，相手に対する誠実さの両方がそろった時に本当にすっきりした気持ちになることに気づかせます。そのために，一つの答えに決めるまでの手品師の心の葛藤を自分の立場に置き換えてしっかりと捉え，男の子の前で手品を披露する手品師の快い気持ちに共感させることが大切です。

42

学習状況に注目した文例

授業中の発言・様子に注目した文例

　教材「金のおの」の学習では，おのを受け取る場面を実際に演じる活動を通して，うそをついてしまう登場人物の気持ちに共感することができました。友達との話し合いを通して，自分の心に正直に振る舞うことのよさについて，自分なりに考えを深めることができました。

　「正直，誠実」についての学習では，ペアで行った話し合いにおいて，自分の意見を伝えるだけでなく，相手の意見を頷きながら聞いていました。「友達の意見を聞いて，そういう考えもあるなと思った」と，正直で誠実に振る舞うことの大切さについて考えを広げている姿が見られました。

　教材「手品師」の学習では，手品師の生き方について考えながら，「うしろめたさを感じながら大劇場に出ても，うれしくないし，それは手品師の夢がかなったことにはならない」と発言していました。友達と意見を交流する中で，誠実に生きるとはどういうことか，真剣に考えている姿が見られました。

道徳ノート・ワークシートに注目した文例

　教材「金いろのクレヨン」の学習では，うそをついたりごまかしたりせず，正直でいることのよさについて自分の考えをノートに書き込んでいました。また，自分の考えだけでなく，友達の発言についての考えもノートに書き，自分の考えをより深めることができています。

　教材「まどガラスと魚」の学習では，主人公がおじいさんに何と言って謝ったのか，ワークシートに書き，主人公の正直な気持ちを考えることができました。また，授業の最後には，自分自身を振り返り，正直に話せた時の気持ちを考え，正直な心で生活することの大切さについて，考えを書くことができました。

　自分の経験を振り返り，過ちを素直に認めずに，それを隠した時には気持ちが憂鬱になり，つらくなったが，それを正直に話した時，気持ちがよくなるし，相手も喜んでくれたと，ワークシートに書き込んでいました。主人公の行いと，自分の行いを重ね合わせて考える中で，正直に過ごすことのよさについて気づくことができました。

3章　「特別の教科　道徳」の通知表記入文例　NG文例付　◆　43

● 道徳性に係る成長の様子に注目した文例

自己評価等に注目した文例

　教材「金のおの」の学習では，授業の最後の振り返りで「『自分に正直に』という意味が最初はわからなかったけど，今日の授業で，人にだけでなく，自分にもうそをつかないことだという意味だとわかりました」とノートに書き，正直という価値について新たな気づきを得ることができました。

　教材「びしょぬれの本」の学習では，「もし，自分だったら」と，常に自分だったらどうするか，自分に置き換えて考え，発言している姿が見られました。振り返りの活動でも，授業で学んだことと，今までの自分の言動を比較して，「友達に対して，正直な心でいたい」と書いていました。

　授業の最後に書く「振り返りカード」から，友達の考えを聞きながら自分の考えを深めている様子が伝わってきました。教材「手品師」の学習では，振り返りカードに，「友達の意見を聞きながら，誠実に生きるには，思いやりや勇気が必要だとわかりました」と誠実という価値について，様々な角度から考えていました。

学期間・学年間における成長に注目した文例

　授業の中での話し合い活動において，自分の考えを積極的に発言する姿が多く見られるようになってきました。またノートにも自分の考えだけでなく，友達の意見のよさについての記述が見られるようになってきました。「正直，誠実」についての学習では，「今までの自分は本当のことを言い出せないことがあった」と，客観的に自分を見つめることができるようになってきました。

　道徳の学習で学んだことをもとに，自分自身を振り返り，自分がすべき課題を見つけることができました。特に，「正直，誠実」についての学習では，今までの生活の中での自分の誠実さについて振り返り，行動への意欲を高めている姿が見られました。

　授業の振り返りでは，1学期に「正直，誠実」の学習をした時のノートを読み返し，「自分に正直に生きることは難しい」と，誠実に生きることについてより深く考え，自分の生活にどう生かしていくかという感想を書いていました。

NG文例と言い換えポイント

NG文例

　他の子供に比べて発言は少ないですが，ノートには登場人物の気持ちになって考えを書くことができています。謝った後の主人公の気持ちを考え，「正直に謝る方が自分も気持ちがいい」と発言するなど，以前に比べ，素直な性格になってきました。

> 　この文例のNGポイントは，「他の子供に比べて発言は少ない」と「素直な性格」という部分です。道徳科の評価は「個人内評価」です。他の子供と比べたり，「発言は少ない」というマイナス面を書いたりすることは避け，よさを伝えるようにします。また，「素直な性格」は子供の人格に関わる内容であり「学習状況」「道徳性に係る成長の様子」のどちらにもあてはまりません。

　教材「手品師」の授業では，手品師が男の子との約束を守ろうとしたことについて考えることを通して，自分自身に誠実に生きることを大切にしようとする道徳的な心情が育ってきました。

> 　この文例のNGポイントは，「道徳的な心情が育ってきました」という部分です。道徳科の授業は，道徳性の育成を目指しています。しかし，その道徳性の諸様相である「道徳的心情」等は目に見えない資質であり，見取ることは困難です。「道徳性の成長」ではなく，「道徳性に係る成長」の様子を評価し，記述していく必要があります。ここでは，「他人に対してだけでなく，自分に対しても正直であると，すがすがしい気持ちになることに気づきました」とします。

　教材「金のおの」の授業では，働きもののきこりが正直に答えるまでの葛藤に共感することができました。自分の正直に行動できなかった時の経験を振り返っていたのだと思います。その時の経験の振り返りが，自他に対して正直であることのよさに気づかせてくれたのだと考えます。

> 　この文例には，教師の主観が多く見られます。登場人物の葛藤に共感できたのは，自分の経験がもとなのか，その経験が正直であることのよさの実感に結びついたのか，教師の主観で判断してはいけません。たとえどんなに肯定的な評価であっても，子供と保護者が納得できないものであれば，子供，保護者に受け入れられません。根拠となるもの（発言やノートの記述等）をもとに説明できることが大切です。

（遠藤　直人）

A－(3)

節度，節制

〔第１学年及び第２学年〕
　健康や安全に気を付け，物や金銭を大切にし，身の回りを整え，わがままをしないで，規則正しい生活をすること。
〔第３学年及び第４学年〕
　自分でできることは自分でやり，安全に気を付け，よく考えて行動し，節度のある生活をすること。
〔第５学年及び第６学年〕
　安全に気を付けることや，生活習慣の大切さについて理解し，自分の生活を見直し，節度を守り節制に心掛けること。

内容項目の解説と授業のポイント

　「節度，節制」は，子供たちが将来，自立した生活を送ることができるようにするために考えさせたい内容を示したものです。一くくりで示されているものの，その内容は他の内容項目に比べると多岐にわたります。特に基本的生活習慣育成の基礎づくりとなる低学年においては，考えさせたい内容も多く，計画的な指導が求められます。また，インターネットや携帯電話を含めた情報機器の使い方についてもふれたいものです。

　「節度，節制」の教材として，低学年では「るっぺどうしたの」（「わたしたちの道徳」文部科学省）があります。この教材では，基本的な生活習慣，安全，整理整頓，わがままをしない等，目標で示されている複数の内容を考えさせられます。また「かぼちゃのつる」（教科書全社掲載）は，わがままな生活をしないことをねらいにした教材です。主人公を否定的に捉えるだけでなく，「押さえたいけれど押さえられない」「やってはいけないのはわかっているけれどもやってしまう」という気持ちが自分自身の心の中に，多少なりともあることを自覚させたうえで，「節度，節制」の心をもつことの大切さや意味を考えさせていきたい教材です。

　また，この内容項目の指導にあたっては，特に日常生活との関わりを考えた指導の工夫を図りたいものです。

学習状況に注目した文例

授業中の発言・様子に注目した文例

　主人公の気持ちに寄り添って考えることで，自分の心にも同じような思いがあったと真摯に向き合いました。それでは自分が成長しないばかりか，人にも迷惑をかけてしまうということに気づき，これから自分も節度，節制に努めたいという発言が見られました。

　節度，節制を意識して生活していくことが健康や安全を保持し，自分の生活をよりよいものにするということを十分感じ取り，その大切さについて発言し，話し合いを深めました。同時に自分の生活についても見直し，生活習慣の向上への強い意欲をもつ姿が見られました。

　節度，節制を意識して生活することの意義を主人公の姿を通して考えていくことができました。そのような主人公の姿から，自分はどうだっただろうと自分の生活について問い直しをし，改善したいことやこれからも大切に続けていきたいことを考えていくことができました。

　安易にインターネット上に個人情報を入力してしまう主人公の行動を通して，節度をもった行動が危険を回避することにつながるということに気づきました。そのうえで，インターネット使用の際に大切なことを友達と話し合うことができました。

道徳ノート・ワークシートに注目した文例

　自分の生活を振り返り，教材の主人公と自分を対比させたうえで自分自身の生活を見つめ直すことができました。自分の生活の中では時間を守ることが課題であることに気づき，それを改善するための具体的な方法をノートに書き，改善に向けての意欲をもつことができました。

　健康で気持ちのよい生活を送るために大切なことを，それまでの話し合いの内容をもとに様々な点から考えることができました。さらにその視点をもとに自分自身についてを振り返りノートにまとめることで，課題を明確にすることができました。

　自分でできることを自分で行うことで，自分だけではなく，周りもよい気持ちになることに気づき，自分にできることから自分の手でしっかり行っていきたいとノートに記す等，生活習慣の向上への意欲をもつことができました。

　主人公への共感的な見方と批判的な見方というように二つの面からの考えをノートにまとめ，自分に近い気持ちやたりなかったことを客観的に考えていくことができました。

道徳性に係る成長の様子に注目した文例

自己評価等に注目した文例

　規則正しい生活を送ることによって生活リズムが整えられるだけでなく，自由に使える時間を生み出すことができるというよさに気づきました。自分の生活の見つめ直しを進んで行い，改善点と対応策を見出すことで，時間を大切にしていこうとする気持ちへとつながりました。

　教材の主人公と同じように周りに頼りきって生活していたことに気づき，自分でできることを少しでもいいので，自分で行いたいと考えました。自分ができそうなことをリストアップし，実際の生活に生かしていこうとする姿が見られました。

　主人公と同じように物を大切にできなかったことはなかったかという視点で自分の生活を振り返りました。できなかったことだけでなくできたことも思い起こし，両者を比較することで自分の改善点を明確にすることができました。

　自分のしたいままに行動し，節度をもって行動することができていないと自分自身を振り返りました。その時はよくても，後にどうなるかを考えていなかったことを思い起こし，自分のこれからの生活での留意点に気づきました。

学期間・学年間における成長に注目した文例

　自己改善を図った主人公のように，できるようになったことから自分を見つめ，整理整頓や時間を守ることが４月から比べ，向上したことに気がつきました。それによりスムーズな生活を送ることができたことにも考えが及び，規則正しく生活することのよさを再認することができました。

　学年はじめから節度，節制の大切さについて十分理解していましたが，それだけではなく，節度，節制を心がけることにより，むだなことがなくなったり周囲の人のためになったりする等，そのよさに目を向け，考えていくことができるようになりました。

　学年はじめに節度，節制について学習した際に作成した規則正しい生活を送るために自分ができることのリストをもとに，二度目の節度，節制の学習で振り返りを行いました。達成できていない点については，達成のために必要なことを具体的に考えることができました。

NG文例と言い換えポイント

NG文例

わがままで勝手な行動は，いろいろな人に迷惑をかけてしまい，その結果，自分も周りから信用してもらえなくなるということを理解しました。休み時間などに友達の考えを聞き，わがままを言わないで行動していこうとする姿につながりました。

この文例のNGポイントは，「休み時間などに友達の考えを聞き，わがままを言わないで行動していこうとする姿につながりました」という部分です。道徳の時間に理解を深めたことがきっかけでこのような行動に結びついたという因果関係を証明できるものがありません。根拠のある評価が必要です。ノートやワークシートに学習との関連性が記述されている場合であっても，ここでの評価は道徳の時間（道徳科）の評価であるため，道徳の時間外の様子を評価とするのはふさわしくありません。「自分にも同じようなことがあったと振り返り，周りの人の話にも耳を傾け，行動していこうと考えることができました」というかたちに書き換えれば，道徳の時間の取り組みに向けての評価となります。

節度を守ることによって，健康や安全が保たれるということに気づくとともに，自ら節制することがたいへん重要だということに気づきました。自分を客観的に見つめ，時間を決めて物事に臨む等，節度，節制の心が育ってきました。

この文例のNGポイントは，「節度，節制の心が育ってきました」という部分です。道徳性そのものを評価することは慎むべきです。「自分を客観的に見つめることで，時間を決めて物事に臨む等の自らの改善点を考え，節度，節制の力を伸ばしていこうとしました」というようなかたちであれば，道徳科の評価といえるでしょう。

机の中や身の回りがいつもきちんと整頓されています。学習用具の準備もしっかりできています。なかなか整頓のできない主人公に，「こうするといいのに」と自分の経験をもとにした提案を行い，問題解決的な学習にたいへん意欲的でした

この文例のNGポイントは二つ。一文目は日常のことですので，総合所見であり，道徳の評価にはなりません。二文目の「問題解決的な学習」は教育用語ですから，保護者に向けた文書に活用するべきではありません。

（八木橋　朋子）

A－(4)

個性の伸長

〔第１学年及び第２学年〕
　自分の特徴に気付くこと。
〔第３学年及び第４学年〕
　自分の特徴に気付き，長所を伸ばすこと。
〔第５学年及び第６学年〕
　自分の特徴を知って，短所を改め長所を伸ばすこと。

🔴 内容項目の解説と授業のポイント

　「個性の伸長」は，かつて高学年からの指導内容でしたが，平成20年の告示において中学年，そして今改訂においては，低学年からの指導事項となりました。これには，我が国の子供たちの自尊感情の低さが大いに関わっていると考えられます。能力は決して低いわけではないのに，自分に自信がもてず，心の活力を欠く子供たちの存在がこの内容項目の指導時期開始の早まりを後押ししたといってもよいでしょう。低学年のうちから，自分のよさや自分らしさといった特徴に目を向けさせ，発達段階に応じ段階的な指導を行っていくことで，大切な自分，かけがえのない自分を十分，感じ取らせていきたいものです。また，これは他者受容の力からいじめ防止にもつながるだけでなく，将来の生き方について考える＝自己実現が果たせるようになる力の基礎にもなり得る内容です。

　「個性の伸長」を考える教材として，中学年では「うれしく思えた日から」（「わたしたちの道徳」文部科学省）があります。この教材では，特別に何か秀でたことがあると自分では思っていない主人公が周りの励ましによって自分のよさを認識でき，それを伸ばし自信をつけていく姿が描かれています。勉強も運動も性格も普通の「ぼく」は，大方の子供にとって共感しやすい主人公といえ，その主人公のように自分のよさに気づきそのよさを伸ばしていきたいという気持ちを引き出していくことができます。また本教材だけでなく，「個性の伸長」の学習においては，個々の子供にその子のよさを感じ取らせる場面を設けていくことが大切です。自分も知らない自分のよさに出会えるよう授業に仕掛けをすることがポイントになるでしょう。

学習状況に注目した文例

授業中の発言・様子に注目した文例

　自分が好きなことやがんばっていることがやがて自分の強みとなり，それが自分の将来につながる可能性もあるということに気づきました。見出した視点から自分を見つめ，自分だったらこんなことをがんばりたいと考えていくことができました。

　人はそれぞれ違い，この世にまったく同じ人はいないということから，誰もが世界でたった一人の大切な存在であるということを発言し，話し合いを深めました。さらに人とは違う自分のよさを見つけたいと自分を様々な点から見つめていく姿が見られました。

　嫌いだったことや苦手だったことも自分のよさになるが，そのためには，日々，努力することが必要だということに気づきました。それが実を結ばなくても，努力したこと自体がその人のよさになり，自己を高めることにつながっていくことにまで考えを広げることができました。

　誰にでもあるけれど，少しずつ異なる自分ならではのよいところをさらに伸ばしていきたいという気持ちをもちました。その途中に困難が待っているかもしれないけれど，少しずつでよいのでよさを伸ばしていきたいという意欲をもつことができました。

道徳ノート・ワークシートに注目した文例

　友達の意見を参考に自分のよさについて考えました。伸ばしたいと思ったよさをどうしたらもっと伸ばしていくことができるかを具体的な段階で考え，目標を記述するなどして考えていくことができました。

　「私だけの」うれしい・困った・得意なこと等，いろいろな方向から自分を見つめ，ワークシートに記述しました。完成したワークシートを見て，教材の主人公と同様に，こんな自分は世界でたった一人の大切な自分だということを感じ，自分を大切にしていこうとする気持ちをもちました。

　友達が見つけた○○さんのよさのシートを見ることで，自分のよさに自分で気づいていなかったことを知りました。周りの人が気づかせてくれた自分のよさを大切にし，さらに伸ばしていきたいという気持ちをもつことができました。

3章　「特別の教科　道徳」の通知表記入文例　NG文例付　◆　51

道徳性に係る成長の様子に注目した文例

自己評価等に注目した文例

　得意なことやできることだけではなく，やさしいところや一生懸命取り組むところといった性格的なことも自分らしさであり，自分のよさであることに気づきました。自分のよいところをこれからも増やしていきたいという向上心をもつことができました。

　教材の主人公と同じように，自分では気づいていない自分のよさを周りから教えてもらい，そのよさを大切にしたいという気持ちをもつことができました。また，自分にはそのようなよさがあったのかとあらためて自分を見つめ直すこともできました。

　自分のよさは自分ではなかなか目が向けられず，周りの人に伝えてもらうことで知ったり意識したりすることもあることに気づきました。級友が見つけた自分のよさを大切にしていこうとする気持ちをもつとともに，周囲の人を大切にしていこうとする気持ちにつながりました。

　自分のよさは得意なことや長所と思っていることだけでなく，自信をもてないでいることや嫌々やっていることも自分の特徴となり，それがよさにつながっていくこともあるということに気づき，その点から自分を見つめ，伸ばしていきたいことを考えました。

学期間・学年間における成長に注目した文例

　学年はじめには，自分にはよいところが見つからないと言っていましたが，「できるようになるためにがんばっているのが自分のよいところ」というように，長所の捉えが広がり，自分のよさを自分で見出すことができました。

　自分のよさには得意なこと，できること，他の人と比べて自分の目立つことだけではなく，好きなことや続けていることなどが含まれることに気づき，その視点で自分を見つめました。自分にはよさが複数あり，そのどれをも伸ばしていきたいという意欲をもつことができました。

　自分では短所だと感じていたことでも見方を変えることで，長所になるということに気づくことができました。その視点でもう一度の自分の特徴について丁寧に見つめ直しを図り，伸ばしたい点や改善したい点を明確にすることができました。

NG文例と言い換えポイント

NG文例

　自分の長所を見つめていく学習では，小さな子が好きなので下級生にやさしく接することに努めたいと考えました。休み時間や掃除の時間には，年下の子の面倒をみて，仲良く過ごすことができ，上級生としての信頼も得ました。これからも伸ばしてほしいよさです。

> 　この文例のNGポイントは，「休み時間や掃除の時間には，年下の子の面倒をみて，仲良く過ごすことができ，上級生としての信頼も得ました」という部分です。日常の交流の様子について記述したものであり，総合所見の内容であるため，道徳の時間の評価としてはふさわしくありません。「休み時間や掃除の時間などで交流を図っていきたいと具体的に考え，自分のよさを伸ばそうとする意欲をもつことができました」という内容でしたら，道徳の評価になり得るでしょう。

　長所だけではなく短所も見方を変えることで自分の強みになることがあるということに気づきました。自分の長所と短所について見直すなど，自分らしさを伸ばしていこうとする力が育っていきました。

> 　この文例のNGポイントは，「自分らしさを伸ばしていこうとする力が育っていきました」という部分です。道徳性そのものを評価することはできません。そのため，このような文例は控えるべきです。「自分らしさを積極的に伸ばしていこうとする姿が見られました」とすれば，道徳の評価になるでしょう。

　個性とはどういうことなのか，それを伸ばしていくとはどういうことなのかを独自の視点から考えていくことができました。授業では個性的な見方を遺憾なく発揮しました。

> 　この文例のNGポイントは，①「独自の視点から考えていくことができました」，②「授業では個性的な見方を遺憾なく発揮しました」の2点です。①の「独自の視点」とはどんな視点だったのでしょう。独自の視点についての記述がほしいです。②の個性的な見方を発揮したことは個性の伸長の所見でなくても活用できるものです。さらにいえば，どの教科にもあてはまる記述です。個性の伸長のねらいと子供の実態を鑑みて，所見を作成する必要があるでしょう。

（八木橋　朋子）

A−(5)

希望と勇気，努力と強い意志

〔第１学年及び第２学年〕
　自分のやるべき勉強や仕事をしっかりと行うこと。
〔第３学年及び第４学年〕
　自分でやろうと決めた目標に向かって，強い意志をもち，粘り強くやり抜くこと。
〔第５学年及び第６学年〕
　より高い目標を立て，希望と勇気をもち，困難があってもくじけずに努力して物事をやり抜くこと。

● 内容項目の解説と授業のポイント

　「希望と勇気，努力と強い意志」は，「自分の目標をもって，勤勉に，くじけず努力し，自分を向上させることに関する」（学習指導要領解説）内容項目です。

　これは，子供たちが，将来，一人の人間としてよりよく生きていくために大切なものです。ただ漫然と日々を過ごしているだけで，絶えず自分自身を高めていこうとする意欲がなければ，よりよく生きることに結びつかないからです。

　しかし，自己実現に向けて，努力する過程においては，必ずしも希望通り順風満帆に進むとは限りません。むしろ，困難や失敗などに遭遇する方が多いかもしれません。そこで，授業においては，苦しくて途中であきらめてしまう人間の弱さや希望をもって困難を乗り越える人間の強さなどについて理解を深められるようにしていくことが必要です。

　「希望と勇気，努力と強い意志」を考える教材に，「きっとできる」（「わたしたちの道徳」文部科学省）があります。この教材は，「何を目標にして走っているんだろう」と自問自答を繰り返す中，目標を設定し，それに向かってトレーニングに励み，日本人女性として初のマラソン金メダリストになる「高橋尚子」選手の話です。授業のポイントは，高橋選手が，「何をどのように考え，目標を立てたか」「目標を達成していく過程」について話し合い，子供たちの考えを深める手立てを講じるところです。また，自分自身との関わりで，自分を振り返って考える時間を十分にとらせるとよいと思います。

学習状況に注目した文例

授業中の発言・様子に注目した文例

　目標を立てて，がんばっている友達の話を興味深く聞き，周りの友達と話し合って，自分の考えと照らし合わせる中で，共通点や相違点に気づき，新たに考えたことをみんなに伝える様子が見られました。

　道徳の授業では，話し合う教材の登場人物の思いを自分の体験と重ね合わせて考える姿がよく見られるようになりました。例えば，「○○○○」の話では，途中であきらめようとした人物の気持ちがよくわかると自分の体験を踏まえて共感したことをくわしく交えながら，発表していました。

　いつも意欲的に授業に臨み，友達との意見交流もさかんに行っていました。自分の夢について語る時には，将来に向けてがんばっていること，また，その思いを友達に熱心に伝えている様子が印象的でした。

　「努力することの大切さ」について，周りの話し合いにじっくり耳を傾けながら，深く考え，自分の言葉で意見を述べるといったように道徳の授業の学習問題について，しっかり考える姿勢に感心しました。

道徳ノート・ワークシートに注目した文例

　友達の意見を参考にして，自分の意見を再考し，例えば「○○○○」の話では，「自分も高い目標をしっかりもって，あきらめずにがんばりたい」という意欲を道徳ノートに記していました。

　教材の登場人物の行動について，「人は楽な方に流されやすいけれど，一度やろうと決めたことを最後までしないと，その後，ずっと後悔することになるから……。自分もそういうことがあったので，わかる気がする」というように学習課題に応じて，自分の考えを道徳ノートに記すようになりました。

　様々な教材で，登場人物に思いをはせたり，「自分だったら」と自分と重ねて考えたりしたことを，道徳ノートにまとめました。例えば教材「○○○○」では，二人の意見の異なる友達の考えに興味をもって，様々な考えがあることを知り，希望をもって生きることについて，自分なりの考えを，道徳ノートに書いていました。

3章 「特別の教科　道徳」の通知表記入文例　NG文例付　◆　55

道徳性に係る成長の様子に注目した文例

自己評価等に注目した文例

　道徳の授業で話し合ったことをもとに，今までの自分を振り返って，「どんなにたいへんなことがあっても，あきらめずにがんばっていける自分になりたい」という思いを，ワークシートに記していました。

　学習した道徳の課題を自分のこととして捉え，教材の登場人物の生き方のよいところについて，三人グループで話し合う中で，「これからしてみたいこと」や「大事にしていきたいこと」などの考えを明確にもつようになったと発言していました。また，道徳ノートにもそのことを記していました。

　教材で問題となる場面では，どのように困難に立ち向かうか，「もし自分だったら」と考えると同時に「友達ならどうするのだろう」と多くの友達の様々な考えを聞いて，よりよい生き方をできるようにするにはどうすればよいか，思案する様子が見られました。

　様々な教材で話し合った内容について，自分を振り返って考えるようになり，努力について話し合った授業を例にあげると，将来の自分に思いをはせて，今までの自分とこれからの自分について考えたことを道徳ノートに書き込んでいました。

学期間・学年間における成長に注目した文例

　2学期後半から，今までよりもさらに意欲的に道徳の授業に取り組むようになり，常に自分事としての考えをもち，「希望と勇気」について考える学習時には，その大切さについて，ペアになった友達に自分の考えを懸命に伝える姿が見られました。

　教材文から自分の日常まで考えを広げられるようになり，「苦しいことがあってもあきらめずに自分の夢に近づきたい」や「希望をもって生活することが大事」といった考えをもち，そういった自分の意見をクラス全体に発表し，活発に話し合いに参加する様子が見られるようになりました。

　「努力と強い意志」をテーマに話し合った道徳の授業では，1学期に学習した「□□□□」の話で考えたことを思い出して，それをもとに教材「○○○○」の人物の生き方と比較して，それぞれの生き方の違いや共通している部分に注目し，努力することの大切さと難しさについて発言していました。

● NG文例と言い換えポイント

NG文例

　目標を立て，がんばっている友達の話を聞いて，周りの友達と話し合い，自分の考えと比べる中で，共通点や相違点に気づき，自分を高めていくといった心情を育むことができました。

> 　この文例のNGポイントは，「自分を高めていくといった心情を育むことができました」という部分です。内面的資質が育まれたかは，明確にはわからないので，示せません。また，「できる」といった言葉は到達度を示す言葉として捉えられる可能性もあるので，使用は慎重にした方がよいと思います。

　なわとび大会に向けての練習では，なかなか記録が伸びない中，チームにあきらめる友達が出た時も，「あきらめずに努力する大切さ」について，友達に懸命に伝える姿が見られ，チームリーダーの責任を果たしていました。

> 　この文例のNGポイントは，学校行事での様子が基本になっている文であるということです。なわとび大会は，学校行事なので，道徳科の評価にはそぐわないものです。総合所見等に書く内容になります。道徳教育と道徳科は分けて考える必要があります。
> 　このような場合，「『努力することの大切さ』について話し合った道徳の授業では，なわとび大会に向けての練習過程を振り返ることで，自分事として捉え，考えを友達と伝え合う様子が見られました」といったものに直すことが考えられます。

　道徳の授業で「希望と勇気」について話し合った後，よりよい生き方をするにはどうすればよいか，自分なりに考えをもち，日常生活においてもいつも意識して，前向きな性格に変わってきました。

> 　この文例のNGポイントは「日常生活においてもいつも意識して，前向きな性格に変わってきました」というところです。「いつも意識しているか」について，保護者や子供に「していない」と言われれば矛盾が生じますし，性格については，評価の対象ではありません。
> 　「自分なりに考えをもち〜」以降を「日常生活に生かそうとする気持ちを道徳ノートに記していました」などに直すと道徳科の授業の評価になります。

（藤井　隆之）

A-(6)

真理の探究

〔第5学年及び第6学年〕
　真理を大切にし，物事を探究しようとする心をもつこと。

🔵 内容項目の解説と授業のポイント

　「真理の探究」は，「自己をより創造的に発展させ，科学的な探求心とともに，物事を合理的に考え，真理を大切にしようとすることに関する」（学習指導要領解説）内容項目です。

　人間は，知らないことを知りたいという欲求をもっています。しかし，知ろうとする過程の中で，興味・関心が薄れ，他者の力に依存する傾向も見られることがあります。そういう状況の中，真理を探究して科学や学問の進展に貢献し，社会に役立った先人の生き方に学ぶことは子供たちの将来のためにとても大切なことだと考えられます。

　この内容項目は，第5学年及び第6学年のみが対象となりますが，発達段階に応じて，子供たち自身のよりよい成長を目指そうとする気持ちを大切にして，知的な活動を通して興味・関心を刺激し，探究する意欲を喚起する必要があります。

　この探求心においては，関連項目として，低学年では「よいことと悪いこととの区別をし，よいと思うことを進んで行うこと」，中学年では「正しいと判断したことは，自信をもって行うこと」などがあります。

　「真理の探究」を考える教材に，「天からの手紙」（「私たちの道徳」文部科学省）があります。この教材は，雪の研究で世界的に有名な科学者の中谷宇吉郎氏が雪国の生活で困っている人たちの役に立とうと，雪の性質について研究する中で様々な壁にぶつかり，何度も失敗を繰り返していきながら，それらを乗り越えて大雪や重い雪の降る予想がつくようになった話です。この教材では，困っている人たちの役に立ちたいという主人公の思いや，雪の結晶に着目する発想，困難な研究にもあきらめずに真理を探究しようとしたところに焦点をあて，子供たちに考えさせ，様々な意見にふれさせるように授業を構成します。

58

学習状況に注目した文例

授業中の発言・様子に注目した文例

グループでの話し合いでは，物事を探究しようとする教材の登場人物について，友達がどのように考えているかや自分の考えについてどう思うかなどを意欲的に質問し，いろいろな考えにふれていました。

教材「〇〇〇〇」の登場人物の生き方と，環境問題に取り組んでいるゲストティーチャーの生き方が似ていることに着目して，困難な問題にぶつかった時にどうしてあきらめずにがんばり続けられたかを直接尋ねて，これからの自分の生き方の参考にしようとする姿勢が見られました。

教材「〇〇〇〇」の主人公の幼少時代と自分を重ねて，日常生活の中で生じる小さな疑問から自分の将来につながることを想像して発したつぶやきが，クラスの子供たちの刺激になって様々な考えが話し合いで交わされました。

「物事の真の姿を見極めようとするよさ」について話し合う授業では，自分の体験を重ねながら発表したり，友達の考えを興味・関心をもって聞いたりする様子が見られました。このように，普段の自分を振り返って道徳の学習に臨む姿が多く見られるようになり，感心しました。

道徳ノート・ワークシートに注目した文例

教材の登場人物について，よく考えるようになり，「〇〇〇〇」の話では，あきらめずにいろいろなアイデアを考え，研究を続けていく主人公の生き方について，共感したことを道徳ノートに書き記していました。

道徳の授業を重ねるごとに自分や友達の考えを大切にする様子が見られました。例えば，「〇〇〇〇」の話では，困難に負けずに研究を続ける主人公の思いについて自分で考えたことと友達の考えもつけ加えて，道徳ノートに記していました。

道徳の学習では，いつも積極的に取り組んで，課題について考えています。特に教材「〇〇〇〇」では，実験結果を単に失敗と捉えないで，次の可能性を考える主人公の生き方に共感した理由やおどろいたことなどをワークシートに書き込み，それをもとに友達と意見交流を図っていました。

道徳性に係る成長の様子に注目した文例

自己評価等に注目した文例

授業最後の振り返り時には，友達の意見が参考になると記していたように真理を追い求めるよさについて，熱心に議論していました。教材「○○○○」では，主人公が発見したことがいまだに人々の生活に役立っていることを知り，「自分もそういうことをしてみたい」という意欲を友達に伝えていました。

自分の考えが，話し合う前と話し合った後に変わったことに気づき，その変化をもとに学習のまとめを行うようになりました。特に，研究に邁進する科学者の生き方について「人の役に立つ発見があってすごい人だなと思ったけれど，○○さんが言うようにそこにいくまでにあきらめようとしたこともあったんだなぁと思って，ぼくと変わらないところもあるんだなと感じた」と学習を振り返っていました。

学期間・学年間における成長に注目した文例

本人が道徳ノートに記したように，様々な立場の人や状況についていろいろな方向から考えられるようになりました。特に「○○○○」の話では，主人公や周りの人たちの状況をよく考えて，疑問を探究し続け，人々の役に立つことのすばらしさについて自分の考えを伝える様子が見られました。

様々な失敗を繰り返しながら，真理を探究していく人物の物事に対する考え方に感心し，自分だったらどうするかを考えたことを機に，様々な道徳の問題について自分と重ねて考えるようになりました。

学期間の道徳の授業を振り返る中で，様々な人やものについて，いろいろと考えることができるようになったと記していました。例えば「□□□□」の話では，物事を探究する登場人物に対して，共感できるところとそうでないところを明確に道徳ノートにまとめていました。

道徳の授業では，友達と意見の交流をすることに積極的に取り組むようになり，例えば「真理を探究しようとする人物」の生き方については，「自分だったら，そこまでやるのは難しいと思っていたが，○○さんが，知らないことを知っていくということは楽しいことだと思うと言ったのを聞いて，なるほどと思った」などとワークシートに記していました。

● NG文例と言い換えポイント

NG文例

　教材「○○○○」の研究を続けていく登場人物について，その背景や行動について読み取って，よく考え，登場人物の生き方について共感したことを道徳ノートに書き記していました。

> 　この文例のNGポイントは，「読み取って」という部分です。読解は，国語科の学習で道徳科が求めるものではありません。例えば，「教材『○○○○』の研究を続けていく登場人物について，その背景や行動まで考えた話し合いを友達と行い，登場人物の生き方について共感したことを道徳ノートに書き記していました」と道徳科の授業での様子を記すことが考えられます。

　「物事の真の姿を見極めようとするよさ」について話し合う授業では，自分の体験を重ねながら発表したり，友達の考えを興味・関心をもって聞いたりする様子が見られるようになり，真理を探究する道徳的心情が深まってきました。

> 　この文例のNGポイントは，後半部分の「真理を探究する道徳的心情が深まってきました」というところです。道徳的心情は，内面的資質のことなので，本当に真理を探究する心が育ったかは判断が難しいです。例えば「『物事の真の姿を見極めようとするよさ』について話し合う授業では，自分の体験を重ねながら発表したり，友達の考えを興味・関心をもって聞いたりする様子が見られるようになり，意欲的に道徳の授業に取り組んでいました」など態度を示す評価文が考えられます。

　理科の学習では，実験道具の扱いが難しかったようで，実験しづらそうな様子も見られましたが，道徳で学習した物事を見極めようとする「○○○○」の話を思い出して，最後まであきらめずにがんばっていました。

> 　この文例のNGポイントは，「理科の学習では」と明言しているように，理科の評価になっています。また，「道徳で学習した〜最後まであきらめずにがんばっていました」という部分も気になります。道徳の目標は，喫緊の行動について目指すものではありません。そういった理由で上記の文は，道徳科の評価としてはふさわしくありません。

（藤井　隆之）

3章　「特別の教科　道徳」の通知表記入文例　NG文例付　◆　61

B—(7)

親切，思いやり

〔第1学年及び第2学年〕
　身近にいる人に温かい心で接し，親切にすること。
〔第3学年及び第4学年〕
　相手のことを思いやり，進んで親切にすること。
〔第5学年及び第6学年〕
　誰に対しても思いやりの心をもち，相手の立場に立って親切にすること。

● 内容項目の解説と授業のポイント

　「親切，思いやり」は，よりよい人間関係を築くうえで基本となる内容項目です。良好な人間関係を築くためには，相手に対する思いやりの心をもち親切にすることが大切です。互いが相手に対して思いやりの心をもって接するためには，相手の立場を考えたり相手の気持ちを想像したりする姿勢が求められます。また，単に手をさしのべるのではなく，時には相手のことを考えてあたたかく見守ることも親切な行為にあたります。指導の中では，「思いやりの心をもって親切にしていきましょう」と価値を押しつけるのではなく，なぜ思いやりの心が必要なのか，なぜ親切にすることがよいのかというように，思いやりや親切な行為の意義を考えさせていくことが大切です。

　低学年の指導にあたっては，この時期特有の自分中心の考え方から脱却し，身近な人にあたたかい心で接し，親切にすることの大切さについて考えを深められるようにすることが大切です。中学年の指導にあたっては，相手の置かれている状況や気持ちを理解し，思いやりの心をもって自ら進んで親切な行為をできるようにしていくことが大切です。高学年の指導にあたっては，相手の立場に立ったうえで行動することの大切さに気づかせ，思いやりの心とそれが伴った親切な行為を，さらに多くの人に広げていけるようにしていくことが大切です。

　身の回りにあるユニバーサルデザインやピクトグラムなどから，様々な立場の人が共に生きていけるようにすることの重要性に気づかせ，誰もが過ごしやすい社会を創ろうとする姿勢を育てることも，これからの指導では必要となるでしょう。

学習状況に注目した文例

授業中の発言・様子に注目した文例

親切にした時や親切にされた時の気持ちを考える中で，どちらの場合もあたたかい気持ちになることに気づき，積極的に誰かにやさしくしてあげたいと発言していました。

教材の登場人物に自分を重ね合わせながら，身近な人に親切にすることのよさについて考えていました。登場人物の役を演じる学習では，親切にされた時にはうれしい気持ちになって自分も相手に親切にしてあげたくなると，役になりきって思いを表現することができました。

親切についての学習では，今までの自分の生活を振り返り，困っている友達の気持ちを考えて手をさしのべた経験について，みんなの前で語ることができました。

本当にやさしい人とはどんな人なのかをよく考え，友達と話し合っていました。何でもやってあげるのではなく，本当に相手のためになることを考えて，相手が成長していけるようにすることが大切なのだと述べることができました。

道徳ノート・ワークシートに注目した文例

自分のことしか考えていなかった教材の登場人物に共感し，親切な行為の難しさに気づくことができました。それでも自分は相手の気持ちを考えて行動していくようにしたいと，これからの自分についてワークシートに考えを書いていました。

思いやりについての学習では，相手の立場をきちんと理解したうえで行動することが大切なのだとわかり，教材の登場人物がどのように行動すべきだったのかをよく考えていました。グループで話し合った結果について，自分なりにノートにまとめていました。

相手を思って行動することの大切さについて深く考えていました。思いやりの意義に気づき，振り返りには，誰かが困っている時には自分が積極的に声をかけて助けていくようにしたいと記述していました。

思いやりについての学習では，相手の気持ちや立場を推し量ったうえで自分の行動を決めなければいけないのだと気づき，振り返りには，自分は常に周りの人々のことを考えて行動していきたいと考えを書くことができました。

3章 「特別の教科 道徳」の通知表記入文例 NG文例付 ◆ 63

● 道徳性に係る成長の様子に注目した文例

自己評価等に注目した文例

親切に関する授業では，教材を通して，身近な人に親切にすることのよさについて真剣に考えていました。自分自身を振り返り，親切に行動できたことで相手と今まで以上によい関係を築けたとまとめていました。

相手を思いやって行動することの大切さに気づき，思いやりの心をもつことで，自分の周りの人々とよりよい関係を築いていきたいと思いを強めていました。

今までの自分は相手が困っていたら何も考えずとにかくそれを助けてあげようとしていたけれど，これからは何が本当に相手のためになるのかをよく考えてから行動していきたいと，真の思いやりについて考えを深めていました。

教材の登場人物の思いに共感しながら，相手を思いやるために大切なことについて深く考えていました。自分の経験と照らし合わせながら考える中で，知らない人に対して親切にすることは難しいけれど，今後は積極的に行動していきたいと思いをまとめていました。

学期間・学年間における成長に注目した文例

ただやさしくすることが大事だと考えるところから，相手のことを思いやり，今その相手にとって大切なことは何なのかをよく吟味してから行動するべきだと考えるようになりました。時にはそっと見守るだけの方が相手のためになることに気づいていました。

相手を思いやるには，相手の置かれている状況や立場を考えることが大切であり，ただ喜ぶことをしてあげることが全てではないと考えるようになりました。今後の自分がとるべき行動について，より具体的にイメージすることができました。

年度当初は，自分の目に見える範囲で行う親切のよさについて考え，その大切さについて気づくことができました。学習を積み重ねるうちに，目に見える範囲だけでなく，社会の中の様々な場面で，どの人も気持ちよく生活できるようにお互いが思いやりの気持ちをもって生活していくことが大切なのだと考えるようになりました。

NG文例と言い換えポイント

NG文例

　親切の大切さについて学ぶ中で，これからは周囲の人に親切にしていきたいと考えていました。実際に，思いやりの心を大切にして，下学年の子にやさしくする姿が見られました。

> 　この文例のNGポイントは，「実際に，思いやりの心を大切にして，下学年の子にやさしくする姿が見られました」という部分です。日常生活の様子は，総合所見に記述するものです。道徳科の評価については，道徳科の学習の中で見られた学習状況や思考の様子・変化について記述するようにします。

　今までは友達の嫌がることをしてしまうことが多くありましたが，思いやりについて授業で考えたことで，誰かと接する時には相手の立場に立って相手のためになる行動をすることが大切なのだと気づくことができました。

> 　この文例のNGポイントは，「今までは友達の嫌がることをしてしまうことが多くありましたが」という部分です。道徳科の評価は，子供の成長を積極的に受け止めて認め，励ます個人内評価であることが求められています。子供の意欲を削ぐような教師の主観によるマイナス的記述は避けるべきです。

　教材「はしの上のおおかみ」では，くまと出会ってそのやさしさにふれる前後のおおかみの気持ちの変化について読み取ることができました。

> 　この文例のNGポイントは，「おおかみの気持ちの変化について読み取ることができました」という部分です。読み取りについての評価は国語科で行うべきものであり，このように記述するのは適切ではありません。これを道徳科の評価にするならば，「くまと出会ってやさしい気持ちをもつことの大切さに気づいたおおかみに共感し，自分自身も，誰に対してもやさしく親切にしようという思いをもつことができました」として，登場人物の思いに寄せて考えた様子を記述するとよいでしょう。

（柳　朱音）

3章　「特別の教科　道徳」の通知表記入文例　NG文例付　◆　65

B −(8)

感謝

〔第１学年及び第２学年〕
　家族など日頃世話になっている人々に感謝すること。
〔第３学年及び第４学年〕
　家族など生活を支えてくれている人々や現在の生活を築いてくれた高齢者に，尊敬と感謝の気持ちをもって接すること。
〔第５学年及び第６学年〕
　日々の生活が家族や過去からの多くの人々の支え合いや助け合いで成り立っていることに感謝し，それに応えること。

● 内容項目の解説と授業のポイント

　「感謝」は，自分の日々の生活には多くの人々の支えがあることについて考え，広く人々に尊敬と感謝の念をもつことに関する内容項目です。人が生きていくためには，周囲とよい人間関係を築くことが大切になります。その人間関係は，相互に認め合い尊敬と感謝の念をもつ中で築かれていくものです。感謝の気持ちをもつことが，自分の人間関係を豊かにすることにつながるといえるでしょう。

　感謝の気持ちをもつ相手としては，直接自分と関わりのある身近な人々から，目に見えないところで自分を支えてくれる人々，今の自分の生活を築き上げてきてくれた人々など，多岐にわたります。よって，発達段階を踏まえ，成長とともに尊敬と感謝の念が自分の身近なところを中心にして徐々に広がっていくような指導を行うことが大切です。低学年では，家族などの身近な存在のありがたみに気づき，感謝をかたちにして表せるようにすることがポイントとなります。中学年では，そのような身近な人々から一歩進んで，自分の生活を支えてくれる地域の人々や現在の生活の礎を築き上げてくれた高齢者の存在に気づかせていくことがポイントとなります。高学年では，感謝の対象をさらに広げ，人々の支え合いや助け合いで成り立っている生活そのものに目を向けて，あたたかな人間同士のつながりの中で自分は何ができるかを考え，実践していけるよう指導することがポイントとなります。

学習状況に注目した文例

授業中の発言・様子に注目した文例

　身の回りで自分のために働いてくれている人の存在に気づき，その人にありがとうの気持ちを伝えたいと発言していました。

　教材を読んで，「自分だったらこうする」と考えながら授業に参加していました。家族に感謝の気持ちを伝えるのに手紙を書くのがよいと考え，自分でもやってみたいと発言することができました。

　友達から受けた親切について振り返り，授業の最後で，「鉛筆を拾ってくれてありがとう」と発表することができました。

　教材の登場人物の気持ちに寄り添いながら，いつもお世話になっている人に感謝の気持ちを伝えるにはどうしたらよいのか，よく考えていました。大きな声で「ありがとう」と伝えることが一番だと考え，登場人物になりきって演技をすることができました。

　今の自分の生活は，先人たちが築いてきてくれたものの上に成り立っているのだということに気づき，自分もこれから人々のために何か役に立つことをしていきたいと発表することができました。

道徳ノート・ワークシートに注目した文例

　自分の今の生活は家族に支えられているのだということに気づき，振り返りには，いつも家事をしてくれているお母さんにありがとうと言いたい，と記述していました。

　恥ずかしくて「ありがとう」となかなか言えない教材の主人公に共感しつつ，それでも一歩踏み出して感謝の気持ちを言葉にする大切さについて考えることができました。自分も実践していきたいという強い思いをノートにまとめることができました。

　自分の生活は多くの人々の支えのもとで成り立っているのだということがわかり，感謝の念をもち続けることの大切さに気づいていました。卒業を前に，6年間お世話になったたくさんの人にお礼をしていきたいという思いをもち，ノートに書いていました。

3章　「特別の教科　道徳」の通知表記入文例　NG文例付　◆　67

道徳性に係る成長の様子に注目した文例

自己評価等に注目した文例

　教材の主人公と自分の経験とを照らし合わせながら感謝の気持ちを表現することの大切さについて深く考えていました。頭ではわかっていても実際に行動に移すことができなかったと今までの自分を振り返り，今後の生活をあらためていきたいという思いをもつことができました。

　どんな時にどんな人にお世話になったかを真剣に考えていました。家族や友達以外にも，地域の方や学校職員の方など，見えないところで多くの人々が自分を支えてくれていることに気づくことができました。

　今の自分の生活があるのは，たくさんの人々に支えてもらっているからだということに気づいていました。日常を振り返り，普段お世話になっている人に感謝の気持ちを伝えるにはどうしたらよいのかと考え，それを実践していきたいという思いをもつことができました。

　人々の生活をよくしようと尽力した先人のお話を読み，今の自分たちの生活が，過去のたくさんの人の努力によって成り立っているものだということを理解することができました。授業を通して，そのような先人たちへの感謝の念をもつとともに，自分もいつか社会に貢献していきたいと，これからの自分についての考えを深めることができました。

学期間・学年間における成長に注目した文例

　1年間を通して，感謝の気持ちをもつことの大切さについてよく考えていました。自分のことを直接お世話してくれている人について考えるところから，徐々に，見えないところで自分を支えてくれる人々の存在に気づくようになり，そういう人にも感謝の気持ちを伝えたいと考えるようになりました。

　自分が「やってもらってうれしかったこと」に対して感謝の気持ちをもちたいと考えていましたが，学習を積み重ねるうちに，それだけではなく，注意してくれたりしかってくれたりしたことについても「自分のため」なのだと気づき，そういうことに対しても感謝したいと考えるようになりました。感謝の気持ちの幅が広がりました。

　感謝について学習していく中で，思いをもつだけではなく，それを言動で表現することが大切なのだと考えるようになりました。「ありがとう」という言葉をいろいろな人に言いたいと，これからの自分の生活について意欲的に考えていました。

NG文例と言い換えポイント

NG文例

　感謝についての学習を通して，周りにいる様々な人への感謝の心が育ちました。日常生活の中で，お世話になった人にすぐにお礼の言葉を言えるようになりました。

> 　この文例のNGポイントは，二つあります。まず，「感謝の心が育ちました」という部分です。道徳性そのものを評価するのではなく，例えば，「感謝したいと考えるようになりました」など，子供の思考の様子がわかるような記述が望ましいです。次に，「日常生活の中で，お世話になった人にすぐにお礼の言葉を言えるようになりました」という部分です。日常の様子はここで評価すべきではありません。道徳科における評価が求められているので，授業の中で見取ったことを記述していく必要があります。

　今までは感謝の気持ちをもつことがあまりありませんでしたが，感謝することの大切さについて話し合う中で，これからは周りで支えてくれる人に「ありがとう」と言いたいと考えることができました。

> 　この文例のNGポイントは，「今までは感謝の気持ちをもつことがあまりありませんでした」という部分です。道徳科の評価は，子供の成長を積極的に受け止めて認め，励ます個人内評価でなければなりません。教師の見立てでマイナス評価を記述することは，子供の意欲の向上につながらないでしょう。もし子供が自分自身を振り返った時に，自ら課題を感じたのだとしたら，「今までは感謝の気持ちをもつことがあまりなかったと自分自身を振り返り，これからは……と考えることができました」というかたちで記述するとよいでしょう。

　感謝についての授業では，授業の最後に，お世話になった方に感謝の気持ちを表すお手紙を書いていました。自分がどのようにお世話になったのか具体例をあげながら，文の順序をよく考え，上手にお手紙を仕上げることができました。

> 　この文例のNGポイントは，「自分がどのようにお世話になったのか具体例をあげながら，文の順序をよく考え，上手にお手紙を仕上げることができました」という部分です。文章を書くことに関わる評価は，国語科で行うべきです。他教科の指導事項とは区別するようにしなければなりません。

（柳　朱音）

B−(9)

礼儀

〔第１学年及び第２学年〕
　気持ちのよい挨拶，言葉遣い，動作などに心掛けて，明るく接すること。
〔第３学年及び第４学年〕
　礼儀の大切さを知り，誰に対しても真心をもって接すること。
〔第５学年及び第６学年〕
　時と場をわきまえて，礼儀正しく真心をもって接すること。

● 内容項目の解説と授業のポイント

　「礼儀」は，「Ｂ　主として人との関わりに関すること」のうち，三つ目に設定されています。礼儀の文化は，日本特有のものもあり，伝統文化を伝えていくうえでも重要な内容項目となるでしょう。学習指導要領解説によると，礼儀とは「相手の人格を尊重し，相手に対して敬愛する気持ちを具体的に示すこと」とされています。また，同資料には，あわせて「心と形が一体となって表れてこそ，そのよさが認められる。つまり，礼儀とは，心が礼の形になって表れることであり，礼儀正しい行為をすることによって，自分も相手も気持ちよく過ごせるようになる」とも記されています。授業では，道徳的諸価値の理解とともに，体験的な学習などを通じて，身体感覚を通して礼儀を学習することが望ましいでしょう。

　「礼儀」を考える教材に，「たびに出て」（「わたしたちの道徳」文部科学省）があります。この教材では，普段何気なくしているあいさつが「もしなくなってしまったら」ということを考えさせることができます。低学年の子供たちにも，あいさつの大切さを，身体を通して伝える指導が実施しやすいように工夫されています。教材を学習し，あいさつの大切さを理解した後に，実際に「あいさつのある学級」と「あいさつのない学級」を体感してみるとよいでしょう。「あいさつがない」ということにより，どんな感じがするのかということも十分に話し合います。そして，身体を通してあいさつの大切さに気がつかせることで，日常のあいさつ指導へとつなげるようにしていきます。授業後も，日常の中であいさつの指導をすることで，学校教育活動全体としての道徳教育につなげることができます。

学習状況に注目した文例

授業中の発言・様子に注目した文例

　教材「たびに出て」の学習では，「あいさつのない島」があいさつを取り戻した時に得たあいさつの大切さを考えることを通して，「あいさつは自分も人も元気にする」と授業中に発言し，あいさつの大切さに気がつくことができました。

　教材「あいさつ」の学習では，どんな気持ちで，どんな言葉であいさつをすればいいのかと話し合っていた時に，「相手にも元気が届くように明るい声であいさつをすればいい」と発言し，相手の心まで考えてあいさつすることの大切さに気がつくことができました。

　教材「たけしの電話」の学習では，電話の受け答えの際にどのようにすればよいのかを体験しながら考えることを通して「受け答えを丁寧にすることで相手にも喜んでもらえる」ということに気がつくことができました。

　教材「足りない気持ちは何だろう」の学習では，お話の中での「足りない気持ち」をグループで考えている際に「足りないのは相手への気づかいをかたちにすることじゃないか」と発言し，相手への気持ちをかたちに表すことのよさに気がつくことができていました。

道徳ノート・ワークシートに注目した文例

　教材「たびに出て」の学習では，「あいさつのない島」が元気なあいさつを取り戻したことを中心に考えることを通して，「あいさつがみんなを元気にするから，私もあいさつをしようと思った」とノートに書き，あいさつに対して，より前向きな姿勢をもつことができました。

　教材「あいさつができた」の学習では，登場人物のひろみが「なぜあいさつができたら心がうきうきしたのか」を考えることを通して，「あいさつをすると，自分もうれしくなる。だからこれからも続けたい」と感想を書きあいさつへの意欲をより高くもつことができました。

　教材「あいさつ運動」の学習では，あいさつを続けることができなかった「ぼく」の気持ちを考えることを通して，「『ぼく』のあいさつができない気持ちもわかるけれど，それでもあいさつはした方がいいと思った」とノートに書き，あいさつへの意欲を高めることができました。

　教材「人間をつくる道―剣道―」の学習では，「人間をつくる道」について考える「ぼく」の気持ちを考え，礼儀正しさについてワークシートに考えを書くことができました。

道徳性に係る成長の様子に注目した文例

自己評価等に注目した文例

　教材「たびに出て」の学習では，実際に学級のみんなとあいさつを交わす体験をし，授業後には「自分から進んであいさつをしてみることで，あいさつの大切さに気がついた」と，学習を振り返ることができていました。

　「言葉の力」の学習では，ちくちく言葉とふわふわ言葉について考え，自分の普段使っている言葉をあらためて振り返ることを通して，これからもより気持ちのよい言葉を使っていきたいとしっかりと考えることができました。

　「真心のこもった礼儀」の学習では，おばあちゃんが目の前に相手がいないのにどうしてお辞儀をするのかを考えることを通して，真心を込めて相手に接することのよさをこれからも大切にしていきたいと意欲をもつことができました。

　教材「言葉のまほう」の学習では，男の子の笑顔を見てはっとした「ぼく」がどのようなことに気がついたのかを考えることを通して，「誰に対しても真心をもつことの大切さ」について，しっかりと考えることができました。

学期間・学年間における成長に注目した文例

　道徳科の学習では，自分自身の心と向き合うことを大切にしながら取り組むことができました。特に「礼儀」の学習では，友達との意見交流を続けることを通して，相手だけでなく自分にとってもよい面があることに気がつくことができました。

　道徳科の学習では，自分の意見を伝えたり友達の意見を聞いたりしながら広い視点で考えることができました。特に「礼儀」の学習では，礼儀を見つめ直し，日常生活に関わる礼儀を見直そうという気持ちをもち続けることができました。

　道徳科の学習では，体験的な学習を通じて，自分自身の考えに多く気がつくことができました。特に「礼儀」の学習では，実際に疑似体験することを通して，自分の中にある思いや考えに気がつくことができていました。

　道徳科の学習では，友達と話し合うことを通じて，学習課題を解決しようとしています。特に「礼儀」の学習における，そうした姿が印象に残っています。

NG文例と言い換えポイント

NG文例

　教材「礼儀作法にこめられた心」の学習では，時と場に応じた礼儀作法にはそれぞれどんなことが込められているかを考えることを通して，礼儀作法の大切さに気がつくことができました。授業後には，さっそく，礼儀作法を大切にする姿が見られました。

　　この文例のNGポイントは，「授業後には，さっそく，礼儀作法を大切にする姿が見られました」という部分です。評価は「特別の教科　道徳」の時間内に特化した評価となるので，原則は45分の授業時間内でのことを評価していきます。では教育活動全体を通した道徳教育はどこで評価するのかというと，評価をしないわけではなく，通知表や指導要録の「行動の記録」や「総合所見」で評価をするようにしましょう。
　　このような場合は「振り返りの時には『これから礼儀作法を実際にやってみたい』と意欲をもつことができました」のように，45分の中で見られた今後の意欲や態度などを評価するようにしましょう。

　教材「客には言わんのですか」の学習では，フジ三太郎の体験について考えることを通して「本当の礼儀」とは何かについて考えることができました。そして，「相手へ真心を尽くすことが本当の礼儀だ」と，本当の礼儀とは何かを理解することができました。

　　この文例のNGポイントは，「『相手へ真心を尽くすことが本当の礼儀だ』と，本当の礼儀とは何かを理解することができました」という部分です。「相手へ真心を尽くすことが本当の礼儀だ」と子供が考えたことを評価することは問題ないのですが「本当の礼儀とは何かを**理解することができました**」と，教師の価値観を介入させているところがよくない点といえるのです。今回の道徳科では「多面的・多角的な見方・考え方」という方針が打ち出されています。また「価値の押しつけをするべきでない」とも打ち出されています。よって，教師の価値観が強く出るような文面は避けなければいけません。
　　この場合であれば，文末を「本当の礼儀とは何かを真剣に考えることができました」「本当の礼儀とは何かに気がつくことができました」などと書き換えるようにします。「本当の礼儀について，友達との話し合い活動を通じて，様々な見方に気がつくことができました」というようにしてもよいでしょう。
　　つまり，子供たちの態度や意欲について評価するべきなのです。

（丸岡　慎弥）

B −(10)

友情，信頼

〔第１学年及び第２学年〕
　友達と仲よくし，助け合うこと。
〔第３学年及び第４学年〕
　友達と互いに理解し，信頼し，助け合うこと。
〔第５学年及び第６学年〕
　友達と互いに信頼し，学び合って友情を深め，異性についても理解しながら，人間関係を築いていくこと。

🎯 内容項目の解説と授業のポイント

　「友情，信頼」は，「Ｂ　主として人との関わりに関すること」の４番目に設定されている内容項目です。学習指導要領解説では，友情，信頼とは「友情関係における基本とすべきことであり，友達との間に信頼と切磋琢磨の精神をもつことに関する内容項目である」と説明されています。友達は家族以外で特に深い関わりをもつ存在であり，豊かに生きるうえでの大切な存在として欠かせません。子供たちにとっては，友達関係は学校生活の安全安心に関わる大きな要因です。友達関係がうまくいっているから学校が楽しい，友達関係がうまくいっていないから学校が楽しくない，という声はどんな教師でも耳にしたことがあるのではないでしょうか。それほど，友達は子供にとって大切な存在であるといえるのです。

　「友情，信頼」を考える教材に，「ロレンゾの友達」（『小学道徳　生きる力６』日本文教出版）があります。この教材では，ロレンゾの三人の友人が登場します。ロレンゾが罪を犯したという噂を三人が知り，それぞれがロレンゾに対してどのようにするべきかを意見し合います。三人のそれぞれの意見を考えることを通して，「友情とは何か」「信頼とは何か」について迫ることのできる教材になっています。この教材では，子供たちが自分の意見をもちやすく，多面的・多角的な意見に気がつきやすい教材といえるでしょう。それゆえに，子供たちが話し合う時間を十分に確保してあげることが大切なこととなります。

学習状況に注目した文例

授業中の発言・様子に注目した文例

　教材「くりのみ」の学習では，登場人物であるきつねが「なぜ涙したのか」を考えることを通して，「困っている友達は助けてあげたい」と話し合い中に発言し，互いに助け合うことのよさに気がつくことができました。

　教材「きれいな羽」の学習では，仲間を見た「くじゃく」の考えを話し合うことを通して，友達同士で助け合うことのよさについて気がつき，これから取り組んでいこうと意欲をもつ様子を見ることができました。

　教材「貝がら」の学習では，登場人物である中山君がなぜ貝がらを持ってきてくれたのかを考えることを通して，相手のことを考え，困っている時にはお互いに助け合おうという意欲が見られました。

　教材「泣いた赤おに」の学習では，赤おにや青おにがしたことについて考え，話し合い活動では「自分はやはり友達を大切にしていきたい」と友情を大切にしていこうとする意欲をもつことができました。

道徳ノート・ワークシートに注目した文例

　教材「友のしょう像画」の学習では，相手を思う気持ちがある行動とは何かを考えることを通して「どんな時でも友達のことを大切にしたい」とワークシートに書き，友情を大切にする意欲をさらに高めることができました。

　教材「ひとみと厚」の学習では，ひとみの複雑な思いを考えたうえで，「真の友情とは何か」を考えることを通して「男女関係なく学び合いながら友情を深めていきたい」と，ワークシートに書き，友情についての自分自身の考えをもつことができました。

　教材「いっしょにかえろう」の学習では，登場人物のなっちゃんと手をつないだ時の「私」の気持ちを考え「友達がいることの大切さに気がつきました」とノートに書き，友達の存在のよさに気がつくことができました。

　教材「みほちゃんととなりのせきのますだくん」の学習では，登場人物の二人がどうしたら仲良くなれるかを考え，「お互いのことを思う」ことだと気づき，ノートに書いていました。

3章　「特別の教科　道徳」の通知表記入文例　NG文例付　◆　75

● 道徳性に係る成長の様子に注目した文例

自己評価等に注目した文例

　教材「たっ球は四人まで」の学習では，お話の問題に気がつき，友達と進んで話し合うことができました。「友情についていろいろな考えを知ることができた」と振り返りに書かれていたように，友情に関して様々な視点で考えることができました。

　教材「仲間だから」の学習では，登場人物のゆいの気持ちを考えることを通して「いじめられてつらい思いをしている友達の支えに絶対になりたい」と，学習問題についてしっかりと考え，友達と理解し合い助け合うことの大切さに気がつくことができました。

　教材「ロレンゾの友達」の学習では，登場人物三人の考え方を知り，友達との意見を交流することを通して，友情について新たな考えを知ることができました。

　教材「絵地図の思い出」の学習では，絵地図づくりの活動で，クラスのみんながどう変わったのかを考えることを通して，友達と互いに信頼することの大切さについてじっくりと考え，理解し合いながら助け合うことのよさに気がつくことができました。

学期間・学年間における成長に注目した文例

　道徳科の学習では，自分の心と向き合うことができました。特に「友情，信頼」の学習では，自分の経験をよく振り返ったり，友達の意見を聞いたりすることで，より理解を深めることができました。

　道徳科の学習では，友達との交流を通して様々なことに気がつくことができました。特に「友情，信頼」の学習では，友達と意見を交流しながら様々な考えを知り，より自分の意見を広げて考えることができました。

　道徳科の学習では，体験的な学習を通して様々なことに気がつくことができました。特に「友情，信頼」の学習では，お話の登場人物を演じることでその心情に迫り，様々な友情，信頼の考え方があることに気がつくことができました。

　道徳科の学習では，登場人物の心情を考えることを通して様々なことを考えることができました。特に「友情，信頼」の学習では，登場人物になりきることで，登場人物が感じた友情のよさに気がつくことができました。

NG文例と言い換えポイント

NG文例

　教材「友だち屋」の学習では，登場人物のきつねの気持ちの変化を考えることを通して，「本当の友達とは何か」に迫って考えることができました。ワークシートには「友達との関係をこれからもよりよいものにしていきたい」と意見し，翌週の学級活動の時間に「本当の友達について考えよう」と学級に提案することができました。

　　この文例のNGポイントは，「翌週の学級活動の時間に『本当の友達について考えよう』と学級に提案することができました」という部分です。道徳科と他教科の連携はとても大切なことですが，その成果を道徳科の評価で表すべきではありません。道徳科の評価は道徳科の時間に特化して行うようにしましょう。
　　例えば「学級活動の時間に提案しようと考える姿が見られました」など，45分の授業時間内に見られた「その後への展望」を記すようにしましょう。

　教材「絵はがきと切手」の学習では，友達に伝えにくいことを伝えるかどうか悩む登場人物の気持ちを考えることを通して，「伝えにくいことでも伝えるべきだ」ということの大切さに気がつき，それを理解することができました。

　　この文例のNGポイントは，「『伝えにくいことでも伝えるべきだ』ということの大切さに気がつき，それを理解することができました」という部分です。子供が「伝えにくいことでも伝えるべき」という意見をもつことに問題はありませんが，「大切さに気がつき，それを理解」という言葉で肯定することで，一方的な見方を肯定することになってしまいます。道徳科の評価はあくまでも「多面的・多角的な視点」が存在することを忘れないようにしましょう。
　　例えば，この場合であれば，「『伝えにくいことでも伝えるべきだ』と意見し，信頼し合うとはどういうことかについて考えることができました」というようなかたちにし，あくまでも，一意見であるというスタンスにしましょう。教師の評価が，子供たちの見方・考え方を狭めることにつながらないよう，十分に配慮して評価していく必要があるのです。

（丸岡　慎弥）

B −(11)

相互理解，寛容

〔第３学年及び第４学年〕
　自分の考えや意見を相手に伝えるとともに，相手のことを理解し，自分と異なる意見も大切にすること。
〔第５学年及び第６学年〕
　自分の考えや意見を相手に伝えるとともに，謙虚な心をもち，広い心で自分と異なる意見や立場を尊重すること。

● 内容項目の解説と授業のポイント

　よりよい人間関係を構築するためには，自分の考えを伝えて理解してもらうことと，相手の考えを理解することが必要です。しかし相手の意見を聞こうとしなかったり，そのよさや理由まで考えようとしなかったりすれば，相手も自分の意見を理解してくれることはないでしょう。特に自分に強い思いがあるほど，自分と異なる考えを認めることには抵抗があるものです。そんな時，「相手にも強い思いがあるに違いない。それはどんな理由なのだろう」と考えてみてはどうでしょう。互いに相手の本心を考え，わかり合おうとすることが相互理解であり，互いに理解し合うから相手の意見も大切にしようとする態度が生まれます。また，相手の過ちを咎めることはたやすいです。そんな時「もし自分が過ちを犯した方だったらどんな気持ちになるか」を考えると相手を強く責める怒りの気持ちは薄くなり，相手を許そうとする心が生まれてくるのではないでしょうか。この謙虚な心がもととなり，相手に対して寛容になることができるようになります。これを「広い心」と表現しています。

　「相互理解，寛容」を考える教材に，「ブランコ乗りとピエロ」（「私たちの道徳」文部科学省）があります。自分ばかりが目立とうとする，自分勝手なブランコ乗りに対して怒りを覚えるピエロですが，ある時演技を終えてぐったりしているブランコ乗りを見て，ピエロの考えが大きく揺らぎます。本当は自分にも同じ気持ちがあるのに，その考えを否定して相手を非難していたのではないだろうかと自己を見つめて謙虚な気持ちになり，そこから二人の関係は変化します。相手を理解しようとする気持ちが，寛容な態度に必要であることを学べます。

78

学習状況に注目した文例

授業中の発言・様子に注目した文例

「相互理解」についての学習では，登場人物の行動を学ぶ中で「自分と違う意見でも，相手の立場に立って考えると，相手の考えがわかるようになるからこれから自分もやってみたい」と発表していました。

「相互理解」についての学習では，「お互いが気持ちを伝えないと誤解してしまうことがあるので，わかり合うためにきちんと話をしたい」と発言していました。

「寛容」についての学習では，相手の過ちを責めるのでなく，「自分も失敗することはあるのだから，失敗した相手がどんな気持ちでいるかも考えようとすることが必要ではないか」と発言し，みんなを納得させていました。

自分が失敗した時，誰も責めずに「ドンマイ」と言ってくれたことを思い出して，「自分も失敗した友達に『ドンマイ』と言って許してあげたい」と言い，「自分も失敗する時があるからむやみに人の失敗を責めることはできない」と寛容な広い心について発表していました。

道徳ノート・ワークシートに注目した文例

「相互理解」の学習では，「友達の意見が自分の意見と異なる時はむやみに反対するのではなく，相手の立場になって考えてみると，お互いにとってもっといい考えが出るかもしれないからこれから考えるようにしてみたい」と前向きな考えを道徳ノートに書いていました。

「自分の意見と違っても相手の理由を聞けば，気づかなかったよさがわかるかもしれないので，これから相手の考えは理由も聞くようにすれば，わかり合うことができると思う」とよりよい相互理解の方法についてワークシートに書いていました。

謙虚と寛容の関係について，道徳ノートに考えながら図や矢印を使って書き，「自分自身に対して謙虚であることが，相手に対して寛容になれる方法である」とまとめていました。同時に「いつも謙虚であることは難しいが，そんな人になりたい」とも書いていました。

「自分の心は広い方だと思っていたけれど，予想以上に相手の過ちを許せる人が多いことに気づいた」と学習を振り返り，自分ももっと寛容の心をもてるようになりたいという感想を道徳ノートに書いていました。

3章 「特別の教科 道徳」の通知表記入文例 NG文例付 ◆ 79

道徳性に係る成長の様子に注目した文例

自己評価等に注目した文例

　学習を通じて「仲良くなるためには，意見が異なってもよく話を聞き合って，お互いがわかり合うことが必要だと気づいたので，これから相手の考えももっと聞くようにしていきたい」と学習前より考えが大きく変わったとワークシートに書いていました。

　「寛容」の学習を通して，もし自分が失敗した側だったらと考えるようになり，失敗を許そうとする気持ちが芽生えてきました。「勉強する前よりも自分の心が少し広くなったようだ」と道徳ノートに書いていました。

　「寛容」の学習を通して，失敗した人の周りにいる人の様々な立場の視点から考え，失敗を責めるより許して励ます方がみんなでよい関係がつくれると気づきました。「誰かが失敗しても責めないで許してあげて，相手の気持ちをわかってあげられるようになりたいと思う」と道徳ノートに書いていました。

　「寛容」についての学習では，過去に友達の失敗に対して責める気持ちをもってしまった自分の心を思い出して，「自分も失敗はするのだから，これからは許してあげる心をもてるようになりたい」と書いていました。

学期間・学年間における成長に注目した文例

　意見が分かれた時はじゃんけんで解決すればいいと考えていましたが，「相互理解」の学習から，今までの自分たちの話し合いは意見を言うだけで，相手の理由まで考えようとしていなかったことに気づき，もっと相手の気持ちも考えるようにしたいと発表していました。

　今までも自分の意見を貫く強さがありましたが，「相互理解」の学習から自分と異なる意見に対しては，話し合いで相手の気持ちをくみ取ろうとすることも必要であると気づきました。相互理解の大切さについて理解が深まり，「みんなともっと仲良くなれる方法がわかった」と道徳ノートに書いていました。

　1学期には友達の失敗を許せないと思う気持ちの方が強いと発言していましたが，2学期の「寛容」の学習では「もっと大きな広い心をもてるようになりたい」と発言していました。1学期からの成長が見られます。

NG文例と言い換えポイント

NG文例

「相互理解」についての学習では，理解し合うことが大事だと気づき，意欲的に発表していました。

> 大くくりとはいえ，当たり前のことを「気づいた」といっては子供に失礼ではないでしょうか。たとえ結論はそうであっても，そこに至る過程があるはずです。なぜ「相手を理解」するではなく「相互理解」なのか，内容項目自体にふれる記述があった方がよいでしょう。例えば「意見がくい違ってもお互いにその理由を伝え合えば，気づかなかったよさをわかり合えるかもしれないと気づき……」と学びの中身を加えることで，より伝わりやすくなると思います。

「寛容」についての学習では，相手を許す気持ちについて学び，実践できるようになりたいと発表していました。

> この表現では誤解が生じる恐れがあります。「寛容」とは失敗を許す心ではありますが，それのみではありません。相手の失敗も意見のくい違いも自分事として考え，話し合いによって相手の本当の気持ちを推し量ることで生まれる心の広がりが寛容な心であると捉えれば，何でもただ許せばよいということとは違います。ですから，例えば「相手を許す気持ちについて」ではなく「相手を許せるわけについて」とするだけでも学びの深さが見えるようになります。どのような学習からどのような学びがあったのかがわかるように書きたいものだと思います。

「相互理解，寛容」の学習では，多面的・多角的に考えることで，道徳的価値の深まりを実感していました。課題だった友達との関係も良好になってきました。

> この記述では学びがどのように深まったのかわかりません。また，専門的な用語はできるだけ使わずに，わかりやすい記述にしましょう。例えば「失敗した人の周りにいる人の様々な立場の視点から考え，失敗を責めるより許して励ます方がみんなでよい関係がつくれると気づきました」と少し具体的に記述するようにします。また，後文は道徳で学んだ結果かもしれませんが，道徳の評価としてはふさわしくありません。道徳の時間に子供の学びが深まったことについて記述して，行動の記録は書かないようにします。また，マイナス面についても書かないようにしましょう。

（北川　忠）

3章　「特別の教科　道徳」の通知表記入文例　NG文例付　◆　81

C－(12)

規則の尊重

〔第１学年及び第２学年〕
　約束やきまりを守り，みんなが使う物を大切にすること。
〔第３学年及び第４学年〕
　約束や社会のきまりの意義を理解し，それらを守ること。
〔第５学年及び第６学年〕
　法やきまりの意義を理解した上で進んでそれらを守り，自他の権利を大切にし，義務を
果たすこと。

🔴 内容項目の解説と授業のポイント

　「Ｃ　主として集団や社会との関わりに関すること」の１番目に示されている内容項目です。
規範意識や公徳心を育てるために，約束やきまりといった小さな「法」を守る意義を考えさせ
ながら，成長とともに社会のルールやマナー，モラルそして法律も同様の意義をもつことに気
づかせていきます。そして，高学年では自他の権利を大切にすることを前提としたうえで遂行
すべき義務について考え，自分の役割や責任を自覚し実践していこうとする態度へとつなげて
いきます。集団や社会の中でよりよく生きていくためには「自分さえよければ」という考え方
は通用しません。ですがこの心は誰でも心のどこかにあるものかもしれません。授業ではこの
部分を取りあげながら「でもそれで本当にいいのかな」と問い返し，低・中学年ではきまりを
守ると自分もみんなも気持ちがいいことに気づかせたり，高学年では自分の権利を守ると同時
に，他人の権利を奪わない義務があることなどを考えさせたりしながら，「よりよく生きる」
ことについて子供たちと話し合ってみたいものです。「規則の尊重」を考える教材に「黄色い
ベンチ」（「わたしたちの道徳」文部科学省」）があります。この教材には遊びに夢中になった
男の子が失敗してしまう様子が書かれています。みんなで使う物は日頃から正しく使わないと，
次に使う人が困ることになることもあるため，「誰も見ていなくてもみんなの物は正しく使う」
というルールを守ることが，「みんなの物を大切にする」ことになり，「みんなが楽しく生活で
きるため」というきまりの意義へとつないでいくことができます。

82

学習状況に注目した文例

授業中の発言・様子に注目した文例

きまりを守ることについて登場人物の役を演じることを通して考え，みんなの物を大切にするために，いつでも次に使う人のことを考えて使いたいと発表していました。

きまりを守ることについて友達の意見を頷きながら聞き，自分のことだけを考えるのではなくみんなのことを考えることが大切であることに気づいたことで，きまりはみんなが楽しく生活するためにあることがわかりました。

きまりについて考える学習では，自分のことを優先した行動と周りの人の気持ちを考えた行動を比較して考えて，きまりはみんなが楽しく生活するためにあることに気づき，発表していました。

きまりについて考える学習では，自分の権利を主張するだけでなく，他人の権利も大切にしなければならないことから，権利を守るための義務もあることに気づき，きまりを守ることの大切さときまりを守る理由について発言していました。

道徳ノート・ワークシートに注目した文例

主人公の気持ちが変化した理由を考えて，みんなの物を大切にする理由に気づき，自分もこれからみんなのためによく考えて，みんなの物を大切に使いたいと道徳ノートに書いていました。

なぜきまりを守るのかについて考え，きまりはみんなが楽しく生活するためにあることに気づき，自分の気持ちばかりを優先するのではなく，みんなのことも考えてきまりを守った方がいいとワークシートに書いていました。

きまりを守ることについて友達と話し合い，面倒だと思うことでもみんなが同じようにきまりを守ればみんなが楽しく生活できることになると気づき，これからの生活に生かしていこうとする気持ちを道徳ノートに書いていました。

みんなの幸せの中に自分の幸せも存在することに気づき，みんなの幸せを守るためにきまりがあるということを道徳ノートに書き，同時に義務と権利の関係にも気づくことで，権利ばかり主張することの問題点について自分の考えを書いていました。

3章 「特別の教科　道徳」の通知表記入文例　NG文例付　◆　83

道徳性に係る成長の様子に注目した文例

自己評価等に注目した文例

　きまりについての学習では，みんなで使う物に対して自分はみんなのことを考えた使い方ができていたかを考えて，今までよりももっとみんなのことを考えて大切に使いたいと発表していました。

　登場人物と自分を比較しながら考え，今までの自分の生活を振り返ることで，これからもきまりを守り，みんなともっと楽しく生活したいという気持ちをもつようになりました。

　登場人物の行動を自分に置き換えて考え，自分ならどうするかを考えることで，きまりはみんなが楽しく生活するためにあることに気づき，進んできまりを守ろうとする気持ちをもつことができました。

　権利と義務について学習し，今まであまり考えずにしていた行動を振り返ることで，これからは知らないうちに他人の権利を侵害することがないように気をつけたいと発表していました。

学期間・学年間における成長に注目した文例

　きまりを守る学習では，1学期は「きまりだから守りたい」と道徳ノートに書いていましたが，2学期になり，自分が次に使う人だったらどんな気持ちがするかを考えることで，みんなのためにみんなの物を大切にするという考えをもつようになりました。

　1学期にはしかられないためにきまりを守ると道徳ノートに書いていましたが，2学期のきまりについての学習では，みんなが楽しく生活するためにきまりを守りたいと考えるようになりました。

　今までに学んできたみんなが楽しく生活するためというきまりの意義から，さらに発展してみんなの権利を守るためにきまりがあり，権利を守る義務もあるという視点に気づくことで，きまりの意義をより明確に理解できるようになりました。

　今まではきまりだから守らなくてはいけないと考えていましたが，きまりを守らず自分勝手な行動をとる人はどこがよくないのかについて考えることで，それぞれがもつ権利は大切ではあるが，同時に他人の権利も大切にできなければ自分の権利を主張する資格がないのではないかと考えるようになりました。

♣ NG文例と言い換えポイント

NG文例

　きまりについての学習では，登場人物の行動について話し合うことで道徳的価値の自覚が深まり，義務と権利について多面的・多角的な見方ができるようになりました。

> 　この記述では学びがどのように深まったのかよくわかりません。また，通知表は子供も読むので専門的な用語はできるだけ使わずに，子供や保護者がわかりやすい記述にしましょう。例えば「登場人物の行動について話し合い，みんなが楽しく生活するためには自分の権利ばかりを主張するのではなく，他人の権利を奪わない義務もあることに気づくことができました」と少し具体的に記述するようにします。

　きまりについての学習では，積極的に手をあげて自分の考えをはっきりと発表することができました。

> 　授業に対する積極性はわかりますが，肝心の何を学んだのかが書かれていません。例えば「次に使う人が嫌な気持ちにならないように，みんなの物を大切に使っていきたいと発表していました」ならば，学びの内容が見えてきます。

　休み時間に使った学級のボールを丁寧に雑巾で拭いていました。みんなが使う物に対して大切に使っていこうとする態度やボールへの愛着が見られます。

> 　日常の行動の記録です。道徳で学んだ結果かもしれませんが，道徳の評価としてはふさわしくありません。道徳の時間に子供の学びが深まった内容を記述して，行動の記録は書かないようにします。

　今まではみんなが使う物に対してあまり丁寧に扱う様子は見られませんでしたが，きまりの学習を通して，次に自分が使うとしたら嫌な気持ちになることに気づき，これからもっと大切にしたいと発表していました。

> 　後半はよいと思いますが，前半がマイナス面から始まっています。道徳の評価ではプラス面に目を向けてマイナス面にはできるだけふれないようにしましょう。

（北川　忠）

C−(13)

公正，公平，社会正義

〔第１学年及び第２学年〕
　自分の好き嫌いにとらわれないで接すること。
〔第３学年及び第４学年〕
　誰に対しても分け隔てをせず，公正，公平な態度で接すること。
〔第５学年及び第６学年〕
　誰に対しても差別をすることや偏見をもつことなく，公正，公平な態度で接し，正義の実現に努めること。

● 内容項目の解説と授業のポイント

　「公正，公平，社会正義」は，民主主義社会の基本である社会正義の実現に努め，公正，公平に振る舞うことに関する内容項目です。学習指導要領解説には次のように示されています。
　「社会正義は，人として行うべき道筋を社会に当てはめた考え方である。社会正義を実現するためには，その社会を構成する人々が真実を見極める社会的な認識能力を高め，思いやりの心などを育むようにすることが基本になければならない。（中略）しかし，このような社会正義の実現を妨げるものに人々の差別や偏見がある。人間は自分と異なる感じ方や考え方，多数ではない立場や意見などに対し偏った見方をしたり，自分よりも弱い存在があることで優越感を抱きたいがために偏った接し方をしたりする弱さをもっていると言われる。いじめの問題なども，このような人間の弱さが起因している場合が少なくない」
　そこで，本内容項目では，子供の発達特質や発達段階，現在置かれている状況をしっかりと把握したうえで，人間理解や価値理解をもとに，自分のこととして考えることのできる本時のねらいや授業構成を考えていく必要があるでしょう。子供の中には過去に同じようないじめの経験をして深く傷ついたり，今もなお悩んだりしている子供がいることが想定されます。そうしたことにも配慮したうえで，子供が本音で対話し，多様な考え方や感じ方にふれることができるような授業の工夫をすることが，子供一人一人の意識の変容や学びの成長を見取ることに結びつくのではないでしょうか。

86

学習状況に注目した文例

授業中の発言・様子に注目した文例

　話し合い活動においては，素直に自分の考えを発表する姿が見られました。特に「公正，公平，社会正義」について学習した際には，その意義や行動について一生懸命考えるとともに友達の意見にも熱心に耳を傾け，自分の意見との違いや友達の意見のよさを見つけていました。

　登場人物の役を演じることを取り入れた授業では，登場人物の気持ちに寄り添い，積極的に演じ，その気持ちや行動の理由を真剣に考える姿が印象的でした。特に教材「〇〇〇〇」の学習では「くまさんの行動はすごいと思うから，ぼくも勇気を出していじわるしたらだめって言いたい」と発表するなど，自分の今後の生き方と結びつけて思いを語っていました。

　読み物教材を通して話し合う場面では，友達の意見を頷きながら聞き，自分の考えを深めていこうとする姿が見られました。特に教材「〇〇〇〇」の学習では，友達の意見を聞いて考えが変わったことを「気持ちを表すハートカード」で示しながら伝えることができていました。

道徳ノート・ワークシートに注目した文例

　道徳ノートには，「自分だったらできないかもしれない」と自分の弱さを認めたうえで，登場人物の行動とよく似た自分の具体的なエピソードを記述し，これからどのように行動していきたいか，どんな自分になりたいかをくわしく書くことができていました。

　ワークシートには，自分の考えを言葉で記述するだけでなく，自分の心のバロメーターを図を使って表し，考えを整理することができました。特に「公正，公平，社会正義」の学習では，「だめなことはだめだと言いたい気持ち」と「勇気がなかなか出ない気持ち」の葛藤がよくわかる図を示し，友達にも説明していました。

　友達に自分の意見を伝える回数が増えるとともに，ノートの記述からも意欲的に取り組んでいることがうかがえます。特に「いじめ」をテーマとした学習においては，傍観者になってしまうことについて，自分との関わりで見つめ直し，これから自分がどのような言動をしていけばよいかについても考えを深めていることが，ノートの振り返りの記述からうかがえました。

　道徳ノートに考えを記述する際には，自分の考えを書いたうえで，さらに友達の意見を色を変えて書き加えていることから，友達の意見を真剣に聞いていることや，自分の考えと比べながら聞いていることが推察されます。

3章　「特別の教科　道徳」の通知表記入文例　NG文例付　◆　87

道徳性に係る成長の様子に注目した文例

自己評価等に注目した文例

　グループトークでの発言では，自分のことについて正直に語るとともに，さらに友達の意見を真剣に聞いて学びを深めていこうとする思いがうかがえました。特に教材「○○○○」では，いじめについて真剣に考えるとともに自分にとっての仲間についても深く考えていました。

　道徳ノートの記述「日に日に自分の思いや考えが素直になっている」から，自分の心の成長や変化に気づいていることがうかがえます。「いじめ」などのテーマについて，大切だとわかっていることも，できそうだけれど難しいということに気づいたうえで，今後の自分がどのように生活していくのかを見つめ直していました。

　友達の意見を聞きながら，自分と似た意見に共感したり，自分と違った意見にあらためて考え直したりすることができました。例えばノートには，「友達の意見を聞いて，もっといじめについて話し合いたいと思った」という記述がありました。

学期間・学年間における成長に注目した文例

　「友達の意見を聞くだけで精いっぱいであったのに，最近では自分の意見も言えるようになってきた」と自覚できるくらい，真剣に学習に取り組めています。道徳で考えたことについての意見を発表する楽しさも生じているようです。

　学習を重ねていく度に，自信をもって自分の思いを語ることができるようになっていることが，発表回数が増えたり，率先してグループトークの司会を行ったりする姿から，わかります。また，自分自身の言動や，人への接し方についても，友達の考えも取り入れながら自分を見つめ直していることが，毎時間書かれている道徳ノートの記述からも伝わってきます。

　「最初は道徳の学習は苦手だと感じていましたが，今では自分のことを考える時間が少し楽しいと感じることがあります」という１年間の振り返りの記述から，学習を積み重ねる過程で自分の成長に気づいたり自己と向き合って考える時間を増やしたりしたことがうかがえます。

　毎回の授業の中で友達の意見を真剣に聞き，さらに自分の考えと照らし合わせながら自己を振り返ることができています。学習後半で行う道徳ノートでの振り返りには，学習テーマについて学んだことを生活に生かそうとする意欲が高まっていることや，友達の意見で自分の考えが変わったり疑問に感じたりしたことなどが，毎回素直に書かれてありました。

● NG文例と言い換えポイント

NG文例

　教材「○○○○」の学習では，主人公□□の気持ちに寄り添い，話し合う過程で，正義感が強いことがわかりました。ノートの記述からは，これからも「正しいことは正しい」と勇気をもって発言したり行動したりしたいという意欲の高まりがうかがえました。

　　この文例のNGポイントは，2点あると考えます。
　　1点目は，「正義感が強いことがわかりました」という部分です。道徳性そのものを評価するような文例は，慎まなければなりません。2点目は，この文例が1単位時間の授業のみで見取っていると誤解をまねきかねないところです。道徳科の評価は大くくりなまとまりで評価していくことが前提です。なるべく誤解をまねく表現は避けたいものです。
　　しかしながら，漠然とした大くくりなまとまりの評価だけでは，実際の授業を見ていない保護者には伝わりにくい場合も考えられます。そこで，大くくりなまとまりで見た，道徳性に係る成長の過程を「特に，○○の学習では……」といった一例を交えながら書き示してみます。そうすると，具体性も交えながら，保護者に伝えることができるのではないでしょうか。

　教材「○○○○」の授業では，「困っている子がいたら助けてあげたい」と発表していました。実際に，友達が高学年の子に強く言われた時には，「困っているからやめて」と，助けてあげる姿が見られました。

　　この文例のNGポイントは，「実際に，友達が高学年の子に強く言われた時には，『困っているからやめて』と，助けてあげる姿が見られました」という部分です。休み時間での出来事は，総合所見等に書くべきで，道徳科の評価ではありません。
　　例えば，「実際に，友達が高学年の子に強く言われた時に，助けてあげたことを想起し，教材の主人公の行動と照らし合わせながら，正義感をもって公正，公平に振る舞うことの大切さについて考えていました」というようなかたちであれば，道徳科の評価といえるでしょう。
　　また，前半の部分では「特に，教材『○○○○』の授業では，『困っている子がいたら助けてあげたい』と発表していました。教材の主人公の言動に共感しながら，考えを深めたうえで，自分のこととして捉えて考えたことがわかります」と道徳科での学びをくわしく示すこともできるのではないでしょうか。

（斉藤　想能美）

C−(14)

勤労，公共の精神

〔第１学年及び第２学年〕
　働くことのよさを知り，みんなのために働くこと。
〔第３学年及び第４学年〕
　働くことの大切さを知り，進んでみんなのために働くこと。
〔第５学年及び第６学年〕
　働くことや社会に奉仕することの充実感を味わうとともに，その意義を理解し，公共のために役に立つことをすること。

🔴 内容項目の解説と授業のポイント

　「勤労，公共の精神」は，14番目に示されている内容項目です。仕事に対して誇りや喜びをもち，働くことや社会に奉仕することの充実感を通して，働くことの意義を自覚し，進んで公共のために役立つことに関する内容項目です。

　学習指導要領解説には，次のように示されています。

　「生きていくには，自分の仕事に誇りと喜びを見いだし，生きがいをもって仕事を行えるようにすることが大切である。（中略）人間生活を成立させる上で働くことは基本となるものであり，一人一人が働くことのよさや大切さを知ることにより，みんなのために働こうとする意欲をもち，社会に対する奉仕や公共の役に立つ喜びをも味わうことができる」

　「勤労，公共の精神」を考える教材に，「森のゆうびんやさん」（「わたしたちの道徳」文部科学省）があります。この教材では，登場人物のくまさんや周りの動物に共感できるような展開にすることにより，みんなのために働くことのよさやその意義を考える授業にすることができます。そうした中で，自分の仕事のよさや人の役に立つことの喜びを感じる気持ちを話し合いながら，単に生活していくためだけに働くのではないことなど，個々にもつ「勤労，公共の精神」に対する考え方や感じ方に広がりや深まりが生じるようにするとともに，それを現在の自分の生活とのつながりで捉えることができるようにしていきます。そのような授業の中で，子供一人一人の意識の変容や道徳性に係る成長の様子を見つけていきたいものです。

90

学習状況に注目した文例

授業中の発言・様子に注目した文例

　自分の考えを一生懸命友達に伝えようとする姿が度々見られます。特に教材「〇〇〇〇」の学習では、「働いてがんばると、人に喜んでもらえるから、またがんばろうと思う」と□□さんが発言することで、聞いていた友達が賛同し、話し合い活動が活発になっていました。

　例えば教材「〇〇〇〇」の学習で、「係の仕事は大事だけれど、遊びに行きたい気持ちがあって続けるのは難しい」というように、学習の内容を自分のこととして考えることができるとともに、自分の弱さも認めたうえで今後の言動について真剣に考えることが常にできています。

　どのような教材を学習していても、友達の意見を真剣に聞き、取り入れながら、自分の考えを再度見つめ直していることが、授業中の発言からわかります。特に教材「〇〇〇〇」では、ボランティア活動のすばらしさを見つけつつも、「一人ではなかなかできない時がある」といった友達の意見に賛同し、自分も同じような経験があることを語っていました。

　登場人物の役を演じて考えた学習では、常に積極的に参加するとともに、その時の気持ちを自分のこととして素直に表現し、話し合い活動に取り組もうとする意欲が感じられます。

道徳ノート・ワークシートに注目した文例

　毎回の授業の中で自分の考えをしっかりもつことができることがノートの記述からわかります。例えば「ボランティア」をテーマにした学習においては、「ボランティアを行う意義やその時の感情」と「簡単にはできない時の感情」の葛藤を図や短い言葉を使って表していました。また、そのノートを友達に見せることで、自分の思いや考えを語ることができていました。

　毎時間、学習の振り返りを道徳ノートいっぱいに書きとめています。例えば友達の意見で自分の考えが変わったことや、自分と同じ考えだからさらに納得できたという意見です。また、学習で気づいたことをこれからの生活に生かしていきたいことなどが素直に表現されており、真剣に学習に取り組んでいたことがうかがえます。

　ワークシートには、自分の思いを絵や短い言葉でたくさん表現することができました。例えば、教材「〇〇〇〇」の学習では、初めて給食当番の仕事をしたことに対しての喜びがわかるようなマークや、その時のうれしい気持ちを大きな字で表していることから、働くことの楽しさや喜びを伝えたかったことが推察されます。

道徳性に係る成長の様子に注目した文例

自己評価等に注目した文例

「自分の言いたいことが，ちゃんと言えるようになってきた」というワークシートに記述された振り返りからも，自分の考え方や感じ方を積極的に伝えようとしていることがうかがえます。また自分の考えだけでなく，友達の意見も一生懸命聞いて，なお自分の意見と比べたり，共感したりしながら多様な考え方を受け止めようとしていることが発言からも推察されます。

学習の振り返りに「最近友達の意見で自分の意見が変わることがある」と記述されていたように，友達の意見を熱心に聞き，自分の考え方や感じ方を再考している姿がよく見られます。例えば教材「○○○○」の学習では，「係の仕事は面倒くさいとしか思っていなかったけど，□□さんの意見を聞いて，達成したらうれしいという気持ちが自分にもあることに気づいた」と発表していた姿が印象的です。

「学習したことと，自分の生活のこととを重ね合わせて考えることができるようになってきた」と道徳ノートに記述されていることからも，学習内容を通して，自己を見つめようとしていることがうかがえます。

学期間・学年間における成長に注目した文例

発表内容やノートの記述から，学習テーマに対して，真剣に考えることに加え，自分の経験や思いに素直に向き合おうとする姿が見られるようになっています。さらにその思いを周りの友達にしっかり伝えているため，周りの友達も意見を参考にしたり共感したりできます。

初めは恥ずかしがっていた登場人物を演じる学習においては，学習を重ねる度に，積極的に参加するようになりました。中でも教材「○○○○」の学習では，主人公になりきり，「自分も遊びたい，でも任された掃除もちゃんとしたいから，我慢する」など，人間の弱さも素直に表現しながら，働くことの大切さも考えて発言していることがうかがえます。

「道徳で自分の考えを言うのが楽しくなってきました」と1学期の振り返りに書いているように，自分の授業での心情や態度の変化に気づくことができているようです。授業中でも非常に熱心に意見を発表したり，友達の意見を聞いたりしています。授業の終末には毎時間，学んだことを生かして今後どのように生活していくのかも，積極的に発言していました。

NG文例と言い換えポイント

NG文例

　ボランティア活動の際には，ゴミ拾いや段ボール運びなどを熱心に行い，その日はとてもすがすがしい思いがしたと記述されていました。また，これからも続けていきたいといった意欲も感じられました。

> 　この文例のNGポイントは，「ボランティア活動の際には，ゴミ拾いや段ボール運びなどを熱心に行い，その日はとてもすがすがしい思いがしたと記述されていました」という部分です。これは行事での出来事になりますので，総合所見に書く方が妥当でしょう。
>
> 　例えば，内容項目「勤労，公共の精神」の学習において，上述のNGポイントのようなことが子供の言葉で語られたり，ノートに表記されたりしたならば以下のように書き換えることができるのではないでしょうか。
>
> 　「教材『〇〇〇〇』の学習では，『1学期最後のボランティア活動の際には，ゴミ拾いや段ボール運びなどを熱心に行い，その日はとてもすがすがしい思いがした』と自分の体験を交えたうえで，勤労の喜びやたいへんさについて熱心に話し合い活動に取り組む姿が見られました」

　自分の考えを率先して伝えようとすることができます。中でも「勤労，公共の精神」をテーマにした学習では，係の仕事や掃除当番がなぜ大事なのかを一生懸命伝えている姿から，勤労の精神が養われていることがわかります。具体的な掃除の方法も伝えることができていました。

> 　この文例のNGポイントは，「勤労の精神が養われていることがわかります」という部分です。道徳科の学習では内面的資質を養うのであって，道徳性そのものを評価することは非常に難しいことですので，誤解をまねく文例は，慎まなければなりません。
>
> 　例えば，「自分の経験を語るとともに，働くことの喜びや大切さに気づいたことを友達に語っていました」というようなかたちであれば，道徳科の評価といえるのではないでしょうか。
>
> 　もしくは，「『係の仕事より，自分の遊びを優先してしまう』といった自分の弱さを認めたうえで，『でもやっぱり自分も誰かのために働けるようになりたい』と，自分のこととして考えていました」といった，授業で見られた実際の発言や姿から，伸びたと感じられるところを伝えることもできるのではないでしょうか。

（斉藤　想能美）

C−(15)

家族愛，家庭生活の充実

〔第1学年及び第2学年〕
　父母，祖父母を敬愛し，進んで家の手伝いなどをして，家族の役に立つこと。
〔第3学年及び第4学年〕
　父母，祖父母を敬愛し，家族みんなで協力し合って楽しい家庭をつくること。
〔第5学年及び第6学年〕
　父母，祖父母を敬愛し，家族の幸せを求めて，進んで役に立つことをすること。

● 内容項目の解説と授業のポイント

　「家族愛，家庭生活の充実」は，家族との関わりを通して父母や祖父母を敬愛し，家族の一員として家庭のために役立つことに関する内容項目です。家庭は子供にとって最初に属する社会であり，愛情をもって保護され，育てられる，最も心が安らぐ場であるといえるでしょう。そのことから，子供の人格形成の基盤は，その家庭にあるといってもよいでしょう。

　子供が家族から愛されていることを自覚することで，父母や祖父母に対する敬愛の心が一層強くなります。また，家庭生活の中で，家族が互いの立場を尊重しながらも家族に貢献することの大切さに気づいていくようになると，子供自身も家族の中での自分の立場や役割を自覚できるようになってきます。

　なお，現代は家族のかたちも多様になっています。様々なことに配慮して，子供がつらい思いをしないような授業をしなければいけないことを，教師として忘れないようにしたいものです。例えば，これまでの経験を振り返る場面で使う言葉として，「両親」ではなく「親」や「保護者」と言うようにするなどです。

　「家族愛，家庭生活の充実」を考える教材に，「私たちの道徳」（文部科学省）があります。この教材には，これまでの生活を振り返って考えたことを書き込むページがあります。低・中・高学年として，2年間にわたる道徳性の成長を記録することもでき，積極的に活用することが望まれます。

94

学習状況に注目した文例

授業中の発言・様子に注目した文例

　家族愛をテーマにした授業では，友達の発言をよく聞き，自分の考えを発表しました。特に，家族に愛されていることを振り返った時には，遠足の時につくってもらったお弁当に注目し，「前の日の夜から準備してくれていて，ありがとうと思った」と発言しました。

　「家族の愛情」という主題で行った授業では，教材の主人公の気持ちに共感しながら，積極的に発言しました。自分の生活を振り返った時には，祖父母の家に行った時のことを思い出し，「私がくる何日も前から布団を干して待っていてくれたおばあちゃんは，いつもやさしいです」と，その愛情に気がついていました。

　家庭生活の充実について考えた授業では，テーマについて考え，友達の発言をよく聞いていました。自分自身の家庭における役割について考えた時には，弟をお世話する時の気持ちについて考えていました。

　「家庭の役割」を主題に行った授業では，毎朝行っている「ゴミ捨て」をする時の気持ちについて考え，「これからも，親に少しでも楽をさせてあげたい」と発表していました。

道徳ノート・ワークシートに注目した文例

　「家族に愛されていると思うこと」として書いた道徳ノートには，親が休みの日にいろいろなところに連れて行ってくれることについて振り返りました。楽しかったことを思い出し，家族が大好きだとまとめていました。

　「楽しい家庭をつくる」という主題で行った授業では，自分ができることについて生活を振り返りました。ごはんを食べた後に食器を運んだことを親がほめてくれて，とても喜んでくれたことを思い出し，「そんなに難しくないことだから，これからも続けていきたい」とワークシートに書いていました。

　「家族の幸せ」について考えた授業では，親の幸せは，自分ががんばることだと思い，自分が勉強をがんばりたいと道徳ノートに書いていました。

　「家族愛」について考えた授業では，家族の愛情に気がつき，自分ができることはどんなことかと具体的に考えて，道徳ノートに書いていました。

道徳性に係る成長の様子に注目した文例

自己評価等に注目した文例

「家族大好き」というテーマで行った授業では，家族のことを真剣に考えていました。特に，ワークシートの自己評価では，家族みんなのよいところに気がつくことができて楽しく学習ができたと振り返っていました。

「家庭の役割」について考えた授業では，これまでの生活をじっくりと振り返っていました。その中でも，「自分だったら何ができるか」ということをよく考えることができたと，自己評価していました。

「家族の愛情」という主題で行った授業では，グループで行った話し合いの際，友達の意見をよく聞いていました。自己評価欄にも，友達の話を聞いて家族にはいろいろなかたちがあることに気がついていました。

「家庭生活の充実」について考えた授業では，自己の生き方を振り返る場面において，真剣に考えていました。自己評価欄の，「これからの生き方について考えることができた」という部分に，具体的な場面をあげて書いていました。

学期間・学年間における成長に注目した文例

「今学期心に残った道徳授業」として振り返った時，「家族のことを考えた授業」に注目しました。今まで気がつかなかった親のたいへんさがわかり，自分から手伝うようになったと自分自身の成長を感じていました。

「今年の道徳授業」について振り返った時，「家庭での役割」について考えた授業が印象に残ったと発表しました。自分ががんばることで，家族が幸せになることがわかり，自分のためだけではなく努力することができると考えをまとめていました。

「今学期の道徳授業」を振り返った時，「家族の愛情」について考えた授業が印象に残ったと書いていました。普段は会わない祖父母から受けた愛情は，当たり前のことではないことを再確認できたと振り返っていました。

「家庭生活の充実」について考えた授業では，家族のために行動するよさを理解しながらも，実際にどのように行動すればよいかは，難しいと考えていました。

NG文例と言い換えポイント

NG文例

「家族愛」という主題で行った授業では，自分が家族のためにできることについて考えました。その後，家の手伝いとして，食事の準備や片づけ，トイレやお風呂の掃除と，自分にできることを実行しました。

> この文例のNGポイントは，「その後，家の手伝いとして，食事の準備や片づけ，トイレやお風呂の掃除と，自分にできることを実行しました」という部分です。評価には，道徳の時間に見られた学習状況や，道徳性に係る成長の様子を書かなければいけません。家の手伝いは，学校で見られた行動ではないので，評価に書いてはいけません。例えば，「家の手伝いについて具体的な場面を振り返り，その時の気持ちについて考え，発表していました」というようなかたちであれば，道徳科の評価といえるでしょう。

「家族愛」をテーマにした授業では，友達の発言をよく聞き，自分の考えを発表しました。特に，役割演技を行った後，物語の登場人物の気持ちを考える場面では，様々な気持ちを考えていました。

> この文例のNGポイントは，「役割演技を行った後」という部分です。役割演技という言葉が保護者や子供にはわかりにくいため，専門用語の使用は避けた方がよいでしょう。例えば，「友達とペアを組んで，物語の登場人物の気持ちを考えた時」という表現なら伝わるでしょう。

「楽しい家庭をつくる」という主題で行った授業では，自分にできることについてこれまでの生活を振り返りました。夏休みのおじいさんとの関わりを思い出し，笑顔を浮かべていました。きっと，一緒に遊んでいたことを思い出していたのだと思います。

> この文例のNGポイントは，「きっと，一緒に遊んでいたことを思い出していたのだと思います」という部分です。笑顔を浮かべていたことは事実だとしても，どのようなことを考えていたのかは根拠のない推測にすぎません。学習状況の評価としては，ワークシートに書いていたり，話し合いの中で言葉にしていたりすることが求められます。「きっと，〜だと思います」という表現は，評価として適切ではありません。気をつけましょう。

（東小川　智史）

C −(16)

よりよい学校生活，集団生活の充実

〔第１学年及び第２学年〕
　先生を敬愛し，学校の人々に親しんで，学級や学校の生活を楽しくすること。
〔第３学年及び第４学年〕
　先生や学校の人々を敬愛し，みんなで協力し合って楽しい学級や学校をつくること。
〔第５学年及び第６学年〕
　先生や学校の人々を敬愛し，みんなで協力し合ってよりよい学級や学校をつくるとともに，様々な集団の中での自分の役割を自覚して集団生活の充実に努めること。

● 内容項目の解説と授業のポイント

　「よりよい学校生活，集団生活の充実」は，先生や学校の人々を尊敬し感謝の気持ちをもって，学級や学校の生活をよりよいものにしようとすることや，所属する様々な集団における自分の役割を自覚し，その生活の充実に努める内容項目です。学校や学級をはじめとした集団では，個が尊重されると同時に，一人一人の主体的な参加が，集団の質的な向上につながります。子供が教師へ敬愛の念を抱き，学校生活の充実感を味わうことで，学校生活が楽しく，よりよいものになります。そのことを通して学校に関わる様々な人に目を向けて，感謝の気持ちと敬愛の念を抱くことができるようにしたいものです。指導にあたっては，子供が学級や学校への所属意識を高めることができるように，子供の活動や行事等への関わりを紹介することを通して，子供の行動を価値づけることが大切です。そのためには，日常からの継続した児童理解が欠かせません。

　「よりよい学校生活，集団生活の充実」を考える教材として，「私たちの道徳」（文部科学省）があります。この教材には，学校のよいところや校風，伝統を考え，書き込むことができるページがあります。書き込むページを用いて，２年間にわたる内容項目に関わる道徳性の変容を見取ることもできます。転校を経験したことのある子供には，個別に対応し，どちらの学校のよさにも注目できるように配慮する必要があります。また，子供が感じている学校の当たり前に対しても，感謝の気持ちをもつことができるようにしたいものです。

学習状況に注目した文例

授業中の発言・様子に注目した文例

「楽しい学校生活」について考えた授業では，学級のよいところをたくさん見つけて，積極的に発言していました。特に，「先生や友達と一緒に遊ぶことが楽しい」と発表すると，多くの子が共感していました。

「みんなの学校」という主題で行った授業では，学校を支えている人に注目しました。主事さんが学校内をきれいに掃除していることについて発表すると，周りの子も共感していました。学級全員で主事さんに感謝の気持ちを抱くことができました。

「学校における自分の役割」について考えた時，委員会活動に注目しました。委員会の活動が学校をよりよくしていることに気がつき，自分はどのような気持ちで取り組んでいただろうと真剣に考えていました。

「よりよい集団生活」について考えた授業では，少年野球のことを振り返りました。キャプテンとして自分ががんばることが，チーム全体によい影響を与えることを考えたと，みんなの前で発表していました。

道徳ノート・ワークシートに注目した文例

「楽しい学校生活」というテーマで行った授業では，休み時間にみんなで遊んだことを振り返り考えていました。一人で遊ぶより，みんなで遊んだ方が楽しいと，具体的な場面を思い出しながら道徳ノートに書いていました。

「みんなでつくる学校」という主題で行った授業では，自分の生活を振り返る時に，学級の係活動に注目しました。「自分ががんばるとみんなが笑顔になり，楽しい雰囲気になる」と，ワークシートに書いていました。

「学校をよりよくするために」として自分ができることを考えた授業では，クラブ活動に注目しました。自分が楽しむだけではなく，高学年として，中学年の子供が笑顔で活動できるようにしなければいけないと，道徳ノートに書いていました。

「集団をよりよくしよう」と考えた授業では，放課後に通っている習い事に注目しました。集合時間を守ることが，集団をよりよくすると考え，ワークシートにまとめていました。

道徳性に係る成長の様子に注目した文例

自己評価等に注目した文例

「楽しい学校」について考えた授業では，「みんなで遊ぶことが楽しい」と発表した友達の意見を聞き，共感していました。「友達も自分と同じように考えていたことがうれしい」と振り返っていました。

「楽しい学級をつくろう」として行った授業では，学級で取り組んでいる係活動に注目しました。「係で取り組んでいる活動は，学級を楽しくしているんだ」と，自分の行動を振り返り，価値づけていました。

「よりよい学校をつくる」という主題の授業では，1年生の手伝いをする場面に注目しました。「今までは決められたことしかしてこなかったけれど，これからは1年生が楽しく過ごせるように手伝いたい」と振り返っていました。

「よりよい集団」について考えた授業では，放課後に校庭で遊んでいる場面に焦点をあて，みんなが安全に楽しく遊ぶためには自分が楽しむだけではいけないと考えていました。これからどのような行動をしようかと，具体的に考えていました。

学期間・学年間における成長に注目した文例

「楽しい学校」について考えた授業では，入学した時の気持ちと，現在の気持ちを比べて考えていました。「最初は緊張して学校に行くことが不安だったけれど，今はみんなで遊べるから楽しい」と発表しました。

「みんなでつくる学級」について考えた時，学級の係活動を振り返りました。自分一人ではみんなを喜ばせることができないことに気がつき，今年度行った活動のよさについて具体的に考えていました。

「よりよい学校生活」について考えた授業では，運動会の応援団に注目しました。応援団長として運動会に向けて練習や準備の活動に取り組み，たいへんだったけれど，責任感が前よりも強くなったと自分の成長を感じていました。

「よりよい集団を目指して」をテーマとして考えた授業では，所属している消防団の活動について考えました。昨年よりも訓練して地域のためにがんばりたいと思いをまとめていました。

NG文例と言い換えポイント

NG文例

「よりよい集団生活」について考えた授業では，家族の中における自分の役割に注目しました。これからも自分の役割を果たして，家族の幸せのためにがんばりたいと考え，具体的な場面を思い出しながら発表しました。

> この文例のNGポイントは，「家族の中における自分の役割に注目しました」という部分です。家族も集団の一つではありますが，この文章では内容項目としては「家族愛，家庭生活の充実」に含まれます。授業のねらいがずれてしまったのは，教師の責任です。通知表に書くべきではありません。

「よりよい学級を目指して」について考えた授業では，掃除当番に注目しました。これまで以上に丁寧に掃除をすれば，よりよい学級になると考え，授業の日の掃除の時間からはりきって，みんなで工夫して掃除をしていました。

> この文例のNGポイントは，「授業の日の掃除の時間からはりきって，みんなで工夫して掃除をしていました」という部分です。掃除の時間の出来事は，「特別の教科　道徳」の評価欄に書いてはいけません。道徳の時間に見られた学習活動や道徳性に係る成長の様子を書くものであり，例えば，「班で話し合う活動では，これまで以上に丁寧に掃除をすればよりよい学級になると考え，これからどのようにしていけばよいかを話し合っていました」という文章であれば適切です。

「楽しい学校生活」について考えた授業では，学級のよいところに注目しました。班の友達と話し合った時に，一番多くのよいところを見つけることができました。特に，「先生や友達と一緒に遊ぶことが楽しい」と発表すると，多くの子が共感していました。

> この文例のNGポイントは，「一番多くのよいところを見つけることができました」という部分です。実際に一番多く見つけていたとしても，人と比べた評価を書くことは望ましくありません。「一番」や「唯一」といった言葉は使用を避けるようにしましょう。

（東小川　智史）

C−(17)

伝統と文化の尊重，国や郷土を愛する態度

〔第１学年及び第２学年〕
　我が国や郷土の文化と生活に親しみ，愛着をもつこと。
〔第３学年及び第４学年〕
　我が国や郷土の伝統と文化を大切にし，国や郷土を愛する心をもつこと。
〔第５学年及び第６学年〕
　我が国や郷土の伝統と文化を大切にし，先人の努力を知り，国や郷土を愛する心をもつこと。

● 内容項目の解説と授業のポイント

　小学校段階では，生まれ育った土地環境の中での心の在り方である「伝統」と物心両面の様式としての「文化」を心の拠り所として，常に大切にしようとする態度を育むことが人格形成の基盤になります。

　そのためには，我が国や郷土の伝統と文化のよさやその意義を知り，自分との関わりを踏まえて，それらを育んできた我が国や郷土に親しみ，愛する心をもてるようにすることが求められます。具体的には，伝統や文化に親しむことにより，その価値を感じ取り，生活共同体によっても異なることを理解するという段階を踏んで指導を進めていくことが大切になります。

　本項目を考える教材に私が作成して２社の教科書に掲載されている「ぎおんまつり」があります。また，４社に掲載されている「ふろしき」や，郷土の開発や発展に尽力した先人の教材，日本のよき風習に関する教材が多く見られます。これらの身近に感じることができる教材を活用して，大切にしたい文化遺産・自然遺産・祭り・行事・風習・所作などに込められた我が国や郷土の伝統の心を実感し，国や郷土の一員として，それらを継承・発展させていこうとする意欲を高めていきたいです。それが主体性のある日本国民として国際社会からも信頼される資質の育成につながっていくのです。

　その中から，先人の生き方や受け継がれてきた文化遺産が今の自分たちの日常生活に生かされているということをしっかりと感じ取ることが大切なのではないでしょうか。

学習状況に注目した文例

授業中の発言・様子に注目した文例

　「郷土を見守る」の学習では，教材を読んでその情景をイメージしていました。「おじぞうさまは，地域のみんなが幸せに暮らせるように，いつも見守ってくださっている」と発言し，古くから心の拠り所であることに気づき大切にしようとする意欲を高めていました。

　「日本のよさ」の学習では，ゲストティーチャーに積極的に質問するなど，自分の経験と比べてよく考えていました。また，「ふろしきを使うと中身が特別に大事なものに思えてくるし，心もあたたかくなる」と発言し，日本で昔から使われてきた物に込められた伝統や文化の大切さに気づいていました。

　「郷土を愛する心」の学習では，「練習はつらいけれどそれがお祭りをずっと続けていく力になっているし，お祭りを続けることに自分も役立っているんだ」と発言し，何世代もあたたかい心のふれあいの中で連綿と続く伝統行事を受け継いでいくことについての考えを深めていました。周囲の方々に日頃から感謝の心をもって接することの大切さに気づくことができました。

道徳ノート・ワークシートに注目した文例

　「郷土の自慢」の学習では，「お祭りに参加した時，自分も今までふるさとの中でみんなに大事に育ててもらい，愛されてきたことを感じました」とワークシートに記述し，伝統工芸品などの品物だけではなく，自分たちも郷土や地域の方々に大切にされていることに気づくことができました。

　「郷土の祭り」の学習では，ワークシートに地域の行事や祭りに参加した経験とその時の気持ちを思い起こしながら絵も交えてまとめていました。その中で，郷土のすばらしさや昔から受け継がれてきた地域の伝統や文化に対する愛着を自分との関わりの中で強く感じることができました。

　「郷土の発展に尽くした人」の学習では，当時の人々の願いに強く共感していました。道徳ノートに先人の思いや信念をもった不撓不屈の精神に着目し感銘を受けたことや，それに対する感謝の念についてまとめ，郷土を愛する心をもつことの大切さに気づくことができました。そのノートを大切にしたいと言っている姿が印象的でした。

3章　「特別の教科　道徳」の通知表記入文例　NG文例付　◆　103

道徳性に係る成長の様子に注目した文例

自己評価等に注目した文例

「日本のよさ」の学習では，ゲストティーチャーと一緒に，ふろしきで実際に物を包んで，その便利さに感心して大切にしようと考え，自己評価欄にも伝統のすばらしさをまとめていました。その中で，日本のよき文化や風習を大切に受け継ぐことの大切さについてよく考えることができました。

「郷土や日本文化」の学習では，主人公の葛藤や周囲の方々の願いに応えるために苦難を乗り越えたことに感銘を受けたことについて自己評価欄に記述しています。その中で，郷土や日本文化への思いを見直し，郷土のすばらしさを実感することができました。

「ふるさとを大切に」の学習では，親から子へ，子から孫へと伝えられていく日本の祭りや文化のよさに興味をもち，自分たちの住む町をよりよくしていくことの大切さについて考え，自分自身を振り返り，自己評価も自問自答しながら真剣に記述していました。

学期間・学年間における成長に注目した文例

「地域のお城をよみがえらせる」の学習では，たいへんな苦労や困難を克服して再建に尽くした方々に尊敬の念を抱きつつ，何とか再建したいという主人公の心の動きを豊かな言葉で表現し，自分たちの郷土や地域のすばらしさを守っていこうとする意欲を高めていました。授業を行う度に，道徳的な気づきをしっかり発言していました。

毎回の授業で教材の問題場面に向き合い，常に「自分だったら」と自分の立場で考え，ねらいに関して様々な角度から具体的に考えることができました。特に「日本の伝統文化」の学習では，「日本の伝統文化のよさをもっと若者が認め，引き継いでいかなければならない」と発言するなど，すぐれた伝統・文化を受け継いでいこうとする意欲を高めていました。

「日本の文化財を守る」の学習では，文化財のすばらしさや大切さを実感し，自分の経験も踏まえて，身近な寺社のみならず我が国の文化財を守るために協力したいという強い決意が感じられました。そこから，我が国の伝統や文化が自分たちの心の支えになっていることに気づくことができていました。

● NG文例と言い換えポイント

NG文例

　教材のテーマを広い視野から多面的に捉え，主人公と比較して自分自身の思いや考えの違いに気づき，具体的に考えている姿が多く見られました。特に「国の物語を大切に」の学習では，主人公の思いに共感し，自分の知っている民話などと比較しながら，国や郷土のために自分たちができることをがんばろうという意欲を高めていました。

> 　前半の部分が抽象的であり，どのような点で考えているのか，どのように広い視野なのか明確ではありません。国や郷土を愛する心が育まれたことが，他の場面でどのように生かされているのかが伝わりにくいので，地域のために活動しようとする発言や気づきなどを書くとよいでしょう。

　「私たちの国や郷土」の学習では，我が国や郷土の伝統と文化を大切に受け継ぎ発展させていこうとする思いが感じられました。そのことによって，学校や家庭や地域でも，責任をもって役割を果たそうとする意欲が見られるようになりました。また，自分たちが進んで大切な国や郷土を守っていこうと考えるなど，自分の考えに自信をもって努力する気持ちを強く感じます。

> 　抽象的な表現になっていたり，学習態度面のことが書かれていたりするので，もっと道徳学習に特化した表現にしたいです。

　「伝統文化ガイドマップ」をつくったことと「日本のよさ」の学習を通して，実際に自分たちの地域や町のよさを実感することができました。日本や郷土の伝統・文化を大切に思う気持ちが高まることによって，仲間へのあたたかい声かけもできるようになり人間関係を深めることができました。また，何事も謙虚に学ぼうとする気持ちを強く感じます。

> 　子供のよいところを伝えたいことはわかりますが，総合所見に書くべき内容ですので，授業での発言や気づきを記入したいです。とにかく，通知表の表記には，「道徳的価値に基づく妥当性」と「子供の道徳学習に基づく信頼性」と文章の整合性が大切です。

（植田　清宏）

C−⒅

国際理解，国際親善

〔第１学年及び第２学年〕
　　他国の人々や文化に親しむこと。
〔第３学年及び第４学年〕
　　他国の人々や文化に親しみ，関心をもつこと。
〔第５学年及び第６学年〕
　　他国の人々や文化について理解し，日本人としての自覚をもって国際親善に努めること。

● 内容項目の解説と授業のポイント

　本内容項目は，中学校では「C−⒅国際理解，国際貢献」になり，国際的視野に立って，人類の発展に寄与することにつながっています。グローバル化が進展する今日においては，他国の人々や文化に対する理解とそれらを尊重する態度を養い，広く世界の諸情勢に目を向けつつ，日本人としての自覚をしっかりともつようにすることが重要です。高等学校で2022年から「公共」という必修科目が開設されるように，ますます，シティズンシップ教育と関連して指導を進めていくことが大切になります。そのため，「社会的道徳的責任」「地域への関わり」「政治的リテラシー」も大切な視点になります。

　本項目について考える教材に，４社の教科書に掲載されている西岡京治氏に関する教材と，３社の教科書に掲載されている「ペルーは泣いている」があります。他にも国際交流や国際親善に関する教材は多くあります。それらを活用して，言葉や文化・習慣の違いを乗り越えた同じ人間としての心の通い合いを実感させることによって，積極的に交流するために人々の中にとけ込んでいくことで人々の気持ちを動かすことができることを感じ取らせたいです。そのことが自己の生き方をよりよく変えることにつながります。

　相互に理解し合い，共通の目標に向かって力を尽くしていくことで，世界の人々と同じ気持ちで協力し合えることを自覚できるように指導したいです。

学習状況に注目した文例

授業中の発言・様子に注目した文例

　「日本の農業を世界に」の学習では，主人公の「人々の気持ちが変わらなければ農業を普及させることは難しい」という考えに強く共感し，「国を越えて尽くす西岡さんの願いがブータンの人々に心から受け入れられていた」と発言し，外国の人と理解し合うことをもとにして国際親善に努めようという意欲を高めていました。

　「世界に尽くした日本人」の学習では，「言葉や文化・習慣の違いを乗り越えたアキラとペルーの選手の心の通じ合いに感動した。同じ人間としての心の通い合いが大切だと感じた」と発言し，国際社会の中の日本人としての新たな気づきをこれからの自分の生活に生かそうとする意欲を高めていました。

　「外国のお友だち」の学習では，いろいろな国のお友だちと仲良くすることの楽しさを感じながら，「どの国もみんないいところがあるので，一緒に遊んだりしたい」と発言するなど，他の国のことを知りたいという気持ちや親しみたいと思う意欲を高めていました。

道徳ノート・ワークシートに注目した文例

　「国際親善」の学習では，どの国の人々も自国の伝統・文化や言語に誇りをもって大切にしていることを強く感じ，ワークシートに「お互いに理解するためには，言語の壁を乗り越えなければならないので，英語などをしっかり学び，国際交流できるようにしたい」と記述し，進んで世界の人々と交流することの大切さに気づくことができました。

　「せかいのこどもたち」の学習では，「国は違ってもみんな気持ちは同じなので，言葉は通じなくても仲良くなれる」とワークシートに書き，それぞれの国によさがあり，言葉や生活習慣は違っても，同じようにがんばっていることに気づき，他国の人々に親しみをもつことができるようになりました。

　「いろいろな言葉で」の学習では，「同じ劇でも外国語で演じると，また違ったよさや味わいがあっていいなと思った。実際に演じてみたい」とワークシートに記述し，自国と他国との文化のつながりや関係に対する興味が高まりました。道徳ノートにもいろいろな国のお友達と交流したいということをまとめていました。

3章　「特別の教科　道徳」の通知表記入文例　NG文例付　◆　107

道徳性に係る成長の様子に注目した文例

自己評価等に注目した文例

「国を越えて理解し合う」の学習では，習慣・文化の違いを乗り越え，積極的に外国になじみ，自分を変え，人々の中にとけ込んでいくことの大切さを強く感じて，自己評価欄にはもっと積極的に活動しようという自己の課題を真剣に記述していました。それによって，国際社会の中の日本人としての自覚をもって，国際貢献していこうという意欲が高まっています。

「外国とつながって」の学習では，自己評価の際に「何かが起きたら行動するのではなく，まず今はどうなのかを考え，世界のみんなのためになる行動をする」と記述し，自分の力を生かして，世界のためにがんばることの意義についての理解を深め，実践していこうとする意欲を高めていました。そのことによって，国際交流の大切さを見直すことができました。

「国際貢献をめざして」の学習では，外国の人々がどのような考え方や感じ方をしているかを理解することの難しさを自己評価欄に書いていました。世界で日本人としての誇りをもった言動ができるようになりたいというような強い自覚をもてるようになってきて，広い視野をもった見方や考え方ができるようになってきたと感じます。

学期間・学年間における成長に注目した文例

「国際親善のために」の学習では，相互に理解し合い，共通の目標に向かって尽くしていくことで，世界の人々と共感し合えることを感じ取っていました。「ALT の先生にもっと外国のことを教えてもらいたいし，自分も日本のよさを紹介できるようにしたい。また，世界中の文化も調べたい」と発言し，広い視野をもって活動することの大切さに気づいていました。

いろいろな登場人物の思いをしっかりと感じ取りながら，「自分ならどうだろう」という視点で課題について考えていました。特に「オリンピックの国旗に思いをこめて」の学習では，普段のスポーツ活動と重ねて，自分の経験や考え方を見つめ直すことで，進んで外国の人と交流したり親しくしたりすることの大切さを深く考えることができました。

毎時間の学習では，教材の登場人物に共感しつつ，グループや全体での話し合いを通して，自分の思いや考えを意欲的に発言して学習のめあてについての考えを深めていました。特に「世界の子どもたち」の学習では，自分の立場と相手の立場の両方から考えることによって，国は違っても互いに理解し助け合うことの大切さに気づくことができました。

NG文例と言い換えポイント

NG文例

　授業を行うごとに，自分が気づいたことを積極的に発言し，クラスの雰囲気を高めてくれました。特に「国際交流をめざして」の学習では，「人間はみんな互いに理解し合いたいという気持ちがある」と述べて，人間の生き方に関してするどい考えをもっていることに感心させられました。

> 　前半の文章は授業に対する姿勢であり，「雰囲気を高めてくれました」とはしないで，「ねらいに関する話し合いが深まりました」などのように，道徳的な学習の成果にすべきです。また，するどい考え方に感心したのであれば，「国際交流の大切さについて，自分の生き方に関連づけた考えが深まっています」のように記述したいです。

　「外国との交流をめざして」の学習では，外国の人々と接することの難しさを克服し，共通の目標をもって心を通わせることができることを強く実感していました。実際に外国の子供たちとの交流会でもあたたかい心で接していたのが印象的でした。また「国が違っても，わかり合うことができてよかった」と発言し，広く世界に目を向けることができています。

> 　交流の様子やその時の発言などは，総合所見に書くことなので，広く世界に目を向けようとする意欲などをまとめるようにしたいです。

　「世界とつながって」の学習では，友好関係の絆の強さを実感し，そのためには多くの人々の努力と心の交流があったことに気づくことができました。それが，仲間づくりにも生かされ，どんな人とも思いやりややさしさをもって接し，心を通じ合わせることができています。

> 　仲間づくりに生かされたことは事後の様子であるので，ここでは，発言などを交えて，どのような気づきがあったのかをまとめるようにしたいです。
> 　とにかく，通知表の表記には，「道徳的価値に基づく妥当性」と「子供の道徳学習に基づく信頼性」と文章の整合性が大切です。

（植田　清宏）

生命の尊さ

〔第１学年及び第２学年〕
　生きることのすばらしさを知り，生命を大切にすること。
〔第３学年及び第４学年〕
　生命の尊さを知り，生命あるものを大切にすること。
〔第５学年及び第６学年〕
　生命が多くの生命のつながりの中にあるかけがえのないものであることを理解し，生命を尊重すること。

🔴 内容項目の解説と授業のポイント

　学習指導要領に示されている道徳教育を進めるにあたっての留意事項にあるように，「人間尊重の精神」と「生命に対する畏敬の念」は子供たちが道徳科で学ぶ道徳規範の根本原理といえます。また，学校教育において道徳の時間が「特別の教科　道徳」へと教科化されることになった一因がいじめ問題への対応の充実を要請されたことであったことを考えても，この「生命の尊さ」という内容項目の重要さについて指導者は心にとめておかなければなりません。

　この内容項目で扱う生命は学習指導要領解説において，連続性や有限性を有する生物的・身体的生命のみならず，人間の力を超えた畏敬されるべき生命として捉えられており，そのような生命の様々な面を子供が学ぶことで，生命の侵し難さを認識し，生命をかけがえのない大切なものとして軽々しく扱ってはならないという態度を育てます。また，人間の生命の尊さだけでなく，生きているもの全ての生命の尊さについて，自己との関わりで，生きることのすばらしさや生命の尊さを考え，自覚を深められるような指導が求められています。

　生命の尊さは，生きとし生けるもの全てが死を免れないという事実と切り離すことができません。「その思いを受けついで」（「私たちの道徳」文部科学省）という教材には，死を迎えようとする祖父と「ぼく」との関わりが描かれています。この教材では，親しい家族の死と向き合い，祖父の命を愛おしく思う「ぼく」の思いに共感することを通して，限りある命を大切にしようとする心情や態度を育てることができます。

学習状況に注目した文例

授業中の発言・様子に注目した文例

生きていることを感じる時はどんな時かを話し合った時には，仲のよい友達と遊んだ具体的な場面を思い出しながら，うれしくて体いっぱいを使って喜んだ時のことを友達に紹介していました。

自分が生まれた時のことをおうちの人にインタビューして，自分の誕生を家族が喜んでくれたことを知り，家族に大切に思われているという気づきとその喜びを友達に伝えていました。

生きていることのすばらしさについての話し合いでは，楽しみや喜びだけでなく悲しむことも生きているからこそできるという気づきをもとに，生命があることのかけがえのなさについて自分の考えを友達に説明していました。

親しい家族の死に向き合っている登場人物の心情を，自分自身が家族を失った時の経験を振り返りながら共感的に想像して，その時の自分の気持ちと主人公の気持ちを結びつけて友達に話していました。

道徳ノート・ワークシートに注目した文例

生きていることとはどのようなことかについての自分の考えを，自分がこれまでうれしかったり楽しかったりしたことを中心に，具体的な経験を思い出しながらワークシートに書き出していました。

自分の生がどのような人に支えられているかについて，家庭や学校での生活で関わってきた人とその人たちにしてもらったことをワークシートに整理して，それらの人々に対する感謝の気持ちを振り返りに書いていました。

赤ちゃんの頃からこれまでの自分の様子やエピソードをワークシートにまとめる中で，自分の心と体の成長に気づき，生きていることの喜びや楽しみの気持ちを振り返りに書いていました。

道徳性に係る成長の様子に注目した文例

自己評価等に注目した文例

　生きていることについての話し合いを通して，自分自身の成長や喜びや楽しみの感情が生きていることの具体的な事実に結びついていることに気づき，あらためて生命の大切さに対する実感を強めていました。

　教材に描かれた生き物の赤ちゃんの誕生とその様子についての話し合いを振り返って，自分と家族との関係を重ね合わせながら，生き物の命が他の命とつながっているという気づきを道徳ノートにまとめていました。

　自分の命がどれほど多くの命のつながりの結果であるかについての気づきから，おどろきや感心の気持ちとともに，生命の不思議さや雄大さに対する自分の考えを振り返りとして書いていました。

　教材に描かれた身近な家族の死に向き合った登場人物の心情についての話し合いを通して，死を免れないからこそ命を大切にしなければならないという思いを強め，これからの自分の在り方を道徳ノートに書き綴っていました。

学期間・学年間における成長に注目した文例

　1学期には，生きていることのすばらしさについて，自分自身の成長や経験から考えていました。2学期では，成長を見守る家族の気持ちを想像する学習を通して，周りをとりまく人々も自分の命を大切にしてくれていることに気づき，家族のためにも自分の命を大切にしていこうとする思いを深めました。

　自分の生命が遠い先代から途切れずつながれてきたことの理解を通して，生命のかけがえのなさだけでなく，生命の不思議さや雄大さについての考えをもち，自分の生命をより大切にしたいという思いを深めていました。

　身近な家族を失う登場人物の心情を想像することを通して，生きていることのすばらしさだけでなく，命のはかなさについて気づき，生命を喜びや楽しみ，悲しみの気持ちと結びつけることで，生きることに対する自分の考えを豊かにしていました。

NG文例と言い換えポイント

NG文例

　日常生活の中で見つけることのできる「生きている証」を友達と聞き合い，生きていることのすばらしさを知り，生命を大切にしようと考えることができました。

　　この文章のNGポイントは，子供が生きていることがすばらしく，生命を大切にしようと考えることを評価していることです。生きていることのすばらしさについての気づきや生命を大切にしていこうとする態度は，学習の「成果」ではあっても，「学習状況の評価」ではありません。「～することができました」という文言には，そうすることが道徳的に善いという教師の分析的な判断が含まれています。道徳科で育むべき資質・能力を道徳的判断力，心情，実践意欲と態度など観点別に分節し，学習状況を分析的に捉えることは妥当ではありません。

　自分を支えてくれている人との関わりを考える中で，自分の生命が自分一人のものではなく，家族や仲間，地域の人など多くの人のつながりの中にあることを知りました。

　　この文章のNGポイントは，生命の連続性という生命の一面の理解について評価していることです。道徳科の評価は，道徳的価値についての理解を見取るものではありません。道徳科の授業では内容項目の理解が目標となるのではなく，道徳的価値についての理解をもとに，自己を見つめ，物事を多面的・多角的に考え，自己の生き方についての考えを深めることが目指されています。道徳科の評価では，そうした理解をもとに，自分事としてどのような思いや考えをもったかまで見取りたいものです。

　病気やけがをした時の気持ちや様子を聞き合うことで，自分の生命の大切さについて考えることができましたが，さらに自分だけでなく，家族や友達，周りの人たちの生命を大切にしていこうという気持ちがもてるといいですね。

　　この文章のNGポイントは，子供の成長を積極的に受け止めて認め，励ましているかということです。教師の期待を書き添えることは，一面では子供の今について不足を感じていることを表しています。今，目の前にいるその子の道徳性に係る成長の様子を肯定的に認め，その子が励まされる評価文であることが求められます。

（中橋　和昭）

D—⑳

自然愛護

〔第１学年及び第２学年〕
　身近な自然に親しみ，動植物に優しい心で接すること。
〔第３学年及び第４学年〕
　自然のすばらしさや不思議さを感じ取り，自然や動植物を大切にすること。
〔第５学年及び第６学年〕
　自然の偉大さを知り，自然環境を大切にすること。

● 内容項目の解説と授業のポイント

　ここで取りあげる「自然愛護」は，内容のまとまりを示す四つの視点のうちの「D　主として生命や自然，崇高なものとの関わりに関すること」に含まれ，子供にとっての対象の広がりとして考えると，最も外縁に位置づけられている内容項目です。しかし，それは，決して子供にとって身近ではないという意味ではありません。私たちの生活や文化は，自然との関わりの中でかたちづくられており，人は自然を離れては生活していくことはできません。見方を変えれば，自然環境は，自己や他者，集団や社会を包み込むようにとりまいており，私たち人の営みの全てを支えるかけがえのない基盤です。そのため，「自然愛護」という内容項目は，動植物とのふれあい，飼育や栽培といった身近な自然体験を出発点として，地域や国境を越えて，子供に「世界」や「地球」そして「人類」のような大きな視点からの見方や考え方へ続く通路をひらいています。

　「私たちの道徳」（文部科学省）には，「こわされていく自然環境」として，年々とけていく南極の氷河や白化したサンゴ，絶滅が心配されている生物などが紹介されています。私たち人間の科学技術の発達は，安全で便利な暮らしをもたらしましたが，一方で世界規模の自然環境の破壊に結びついています。自然環境は私たちのくらしの基盤であり，それが破壊されることは，ひいては私たちの生活を脅かすことにもなりますが，もとより，自然は私たち人間の道具ではありません。子供が，自然それ自体の尊厳を認め，傲慢にならずに共に生きていこうとする心情や態度を育てていくことが必要です。

114

学習状況に注目した文例

授業中の発言・様子に注目した文例

　自分の栽培体験を振り返って，その時の気持ちと教材の登場人物の心情を結びつけて想像し，友達に説明していました。

　友達と栽培や飼育の体験の様子とその時の気持ちを聞き合いながら，自分も生き物を大切に育てているとうれしい気持ちになったり，心配な気持ちになったりすることを友達に伝えていました。

　ゴミを捨てられた山の役を演じることを通して，ゴミを拾ってくれる地域の人たちへの感謝の気持ちを想像することで，ものを言わぬ自然の立場に立ってどうすることが自然環境にとってよいかを考えていました。

　動植物の力強さについて友達と考えを聞き合うことを通して，人間の力を超えた動物や植物の能力におどろき，動物や植物の不思議をもっと知りたいという気持ちを友達に発表しました。

道徳ノート・ワークシートに注目した文例

　これまでの栽培経験を振り返って，芽を出した時にうれしくなったことやなかなか成長しなかった時に不安になったことを思い出しながら，植物を育てた時の自分の気持ちを「私たちの道徳」に整理していました。

　動物を大切に飼育したことについての話し合いを通して，自分も動物や植物を大切に育てた経験を思い出して，その時の様子と気持ちを振り返り，ワークシートに整理しました。

　友達の飼育や栽培の体験を聞いて，自分自身の体験と比べながらその時のことを振り返り，動物や植物と関わるとどんなよいことがあるのかを道徳ノートに書き出していました。

　破壊される自然環境についての紹介を聞き，これから自分が身近にできることをいくつもワークシートに書き出し，それがどのようなことに結びついていくかを友達に説明していました。

3章　「特別の教科　道徳」の通知表記入文例　NG文例付　◆　115

道徳性に係る成長の様子に注目した文例

自己評価等に注目した文例

　身近な自然の中で楽しく遊んだ体験を振り返り，その楽しさや気持ちのよさについて思い出して，これからも自然と関わっていきたいという気持ちを道徳ノートにまとめていました。

　これまでの自分と自然との関わりを振り返り，よいと思う関わりとよくなかったと思う関わりを比べ，これからは自然環境を大切にするような関わりを増やしていきたいという気持ちを道徳ノートに書いていました。

　自然環境を守ることについての話し合いを通して，人間の活動が自然破壊につながっていったことや自然環境を守るために地域の人たちが活動していることなどについていくつもの気づきがありました。それをもとに，自分と自然との関わりを振り返り，自然に対する感謝の気持ちを道徳ノートに書いていました。

　自然や動物，植物との関わりを振り返って，これまで自分が自然と関わってきた様子や気持ちを思い出し，自分の身近に自然があることをこれからも大切にしていきたいという思いを道徳ノートに書いていました。

学期間・学年間における成長に注目した文例

　1学期には，植物の不思議についての気づきをもとに動植物に対する関心を高めていました。2学期には，動植物と関わった時の楽しさや喜びの心情を振り返って，これからも自然と関わっていきたいという気持ちを深めていました。

　これまでの飼育や栽培の経験について，1年生の時と比べて，2年生の今の方が生き物をより気づかって関わっていることに気づいて，自分の自然との関わりに自信を深めていました。

　地域の自然環境を守るボランティアの参加経験を思い出して，これまでの身近な動植物との関わりを大切に思う気持ちをもとに，より広い地域の自然環境を守っていく必要性について考えを深めていました。

❖ NG文例と言い換えポイント

NG文例

　飼育係としてメダカのえさやりを忘れずに行い，メダカの様子を気づかいながらお世話をしています。

　自分が栽培している朝顔に毎朝忘れずに水やりをし，朝顔の成長日記を楽しみながらつけています。

> 　これらの文例のNGポイントは，道徳科授業についての評価でないことです。飼育係として生き物を大切に世話する姿や楽しみながら栽培体験に取り組んでいる姿からは，動植物を愛護する気持ちや態度を見取ることができますが，道徳科の評価は，学習活動における子供の具体的な取り組み状況について記述します。これらのような体験を通しての子供の気づきが，道徳授業に表れた場面を見取ることができるとよいでしょう。

　自然に親しむ登場人物の心情に共感することを通して，進んで身近な自然と関わり，動物や植物を大切にしようとする道徳的心情が育ってきました。

> 　この文例のNGポイントは，道徳的心情を評価していることです。道徳的価値としての，動植物にやさしく接することや，自然や動物を大切にすることは学習の内容であって，目標ではありません。道徳科における評価は，目標に照らし合わせて，教師がその子の道徳性に対して判断を下す性質のものではなく，道徳科の授業においてその子がいかに成長したかを積極的に認め，励ます個人内評価です。したがって，自然や動植物を大切にするできごとを通して，その子がどのように考えや思いを巡らせているかを見取ることが必要です。

　自然環境保護に取り組む人々の活動を知り，世界的に自然環境を守り育てていくことが大切にされているのは，これから人が将来にわたって豊かに暮らしていくためだと理解することができました。

> 　この文例では，自然愛護という内容項目についての理解が評価されています。道徳科の評価は，内容項目の理解のためではなく，その子の道徳性の育成のためでなければなりません。このような道徳的価値の理解をもとに，その子が自分自身との関わりの中でどのように考えたかを見取ることが大切です。

（中橋　和昭）

D—(21)

感動，畏敬の念

〔第１学年及び第２学年〕
　美しいものに触れ，すがすがしい心をもつこと。
〔第３学年及び第４学年〕
　美しいものや気高いものに感動する心をもつこと。
〔第５学年及び第６学年〕
　美しいものや気高いものに感動する心や人間の力を超えたものに対する畏敬の念をもつこと。

🌑 内容項目の解説と授業のポイント

　「感動，畏敬の念」は，「美しいものや崇高なもの，人間の力を超えたものとの関わりにおいて，それらに感動する心や畏敬の念をもつ」ことに関する内容項目です。この内容項目は，「自然」「美術，音楽，文学などの芸術作品」「人間の心の崇高さ偉大さ」などに対する感動や尊敬，畏敬の念について考えます。学年段階に応じて，「身近な自然の美しさ」「芸術作品の美しさ」「人の気高さ」に心を動かすことについて考えることが望ましいですが，一般的にかなり指導が難しいといわれている内容だけに，実に授業実践に挑戦しがいがあると思います。

　「感動，畏敬の念」を考える教材には，「しあわせの王子」「七つの星」「ひさの星」「花さき山」「富士と北斎」「青の洞門」などがあります。これらの教材では，授業の展開後段に，次のような発問をし，子供の発言を記録（録音など）したり，終末で道徳ノートを活用した書く活動などを位置づけたりしておくと評価に生かせます。

　〈自然〉「今までに美しい自然を見て，すばらしいと思ったことはありますか」「今まで，自然のすごさに心を動かされたことがありますか」〈芸術〉「これまでに，これはすごいと思った絵（音楽，造られたもの）に出会ったことはありますか」〈人の行い〉「今までに，すばらしいと感じる行いをしている人に出会ったことはありますか。どんな行いでしたか」

　終末を印象的にするには，「画像，映像を見せる」「気高い行為をした人の説話をする」などの工夫をするとよいと思います。

118

学習状況に注目した文例

授業中の発言・様子に注目した文例

　教材「〇〇〇〇」の学習では，自然のすばらしさについて心を動かされたことがあると発言していました。この学習では，美しい自然に素直に感動する様子が見られました。

　教材に描かれた自然のすばらしさや人の気高い行いに感動したことを素直に発言することができていました。また，友達の身の回りで見つけたすばらしい行いについての発言も頷いて聞き，同じように感じたところを伝えることもできています。

　教材「しあわせの王子」の学習においては，王子が自分を犠牲にして，周りの人を助ける気高い行いをしたことに対して感動したと発言していました。人のために尽くすことのすばらしさに心を動かされていました。

　教材「青の洞門」の学習では，過去の生き方を反省し，人のために洞門を掘り続けた了海と協力していった実之助，村人の行為について，気高さや崇高さを感じ，人のもつ美しい心に素直に感動する姿が見られました。

道徳ノート・ワークシートに注目した文例

　教材「花さき山」の学習では，「つらくても，自分のことより人のことを思って涙をいっぱいためて辛抱する」と花が咲くことに心を動かされ，「ぼくも花さき山に花を咲かせたい」と道徳ノートにまとめていました。

　教材「ひさの星」の学習では，人知れず幼子の命を救い自らは消えていった少女ひさの行いに感動し，「ひさのようになるのは難しいけれど，人のためになることをすることはすばらしい」とワークシートにまとめていました。

　教材「七つの星」の学習においては，困った人を助けようと水をわけた少女のやさしい心に感動し，「自分だったら，他の人にお水を飲ませたかどうかわからないけれど，この女の子のように人を思う行いはやさしいと思う」と，気高い行いのすばらしさを道徳ノートに書き込んでいました。

　教材「屋久島の杉」の学習においては，自然の雄大さに心打たれたことを道徳ノートにまとめていました。壮大な自然のすばらしさについても自分なりの考えを発表していました。

3章　「特別の教科　道徳」の通知表記入文例　NG文例付　◆　119

道徳性に係る成長の様子に注目した文例

自己評価等に注目した文例

絵を描くことが好きな○○さんは，教材「富士と北斎」の学習では，絵を描くことに苦心していた北斎と自分を重ねて考えていました。富士山を描き続けた北斎の姿を通して，美しいものや気高いものに感動した心情に共感することができました。

教材「青の洞門」の実之助が自分だったらどうするかを考え，実之助のとった行為のすばらしさ，了海の生き方に人の気高さを感じ取っています。学習の振り返りには，すばらしい行いをした人の生き方をもっと知り，これからの自分のことをもっと考えたいと書き込んでいました。

自分のことより人のことを思って，お世話をしたり思いやりのある行いをしたりすることがいかに大切なことなのかを学習の振り返りシートにまとめていました。人間の気高い行いに対して素直にすばらしいと感じる様子が見られました。

教材「屋久島の杉」の学習では，屋久杉と同じように壮大な自然を感じた体験として鍾乳洞に行った時に感じたことを友達に伝えていました。美しいものや気高いものに感動した経験を自分自身との関わりで振り返ることができています。

学期間・学年間における成長に注目した文例

人として気高い行為をした人物について，感動したことを素直に言葉で表すことができてきました。人としてどのような行いをすることが気高いことであるのかについて考えを深め，自分を振り返り，これからの自分の生き方を考える心がまえはすばらしいと思います。

美しいものや崇高なもの，人間の力を超えたものとの関わりについての学習では，自然のすばらしさに感動したことを発言していました。美しいもの，壮大な自然などに出会い，そのことをすばらしいと感じ取ることができています。

人がつくりあげた音楽や絵画の美しさやすばらしさを感じ取り，それを伝えることができています。芸術に対する感動を道徳ノートに見事にまとめることができるようになりました。

身近にあるすばらしいものや美しいもの，気高いものに対して目を向け，感動したことを自分なりにまとめ，発表することができるようになってきました。

NG文例と言い換えポイント

NG文例

　杉原千畝がユダヤ人を救った教材の学習では，どのような事態になっても千畝が人として大切なことは何かと考え，実行した姿に感動していました。人として気高い行為をすばらしいと感じる畏敬の念が育ってきました。

　　この文例のNGポイントは，「畏敬の念が育ってきました」という部分です。保護者にとっては「畏敬の念？」とわかりにくいと思います。「すばらしいと感じたことを道徳ノートにまとめていました」などのかたちの方がよいでしょう。

　教材「○○○○」の学習においては，同じように，この地域にある世界遺産□□□□を見学したことを重ねて，世界遺産のすばらしさをノートにまとめていました。大人になったら，様々な世界遺産を見て回りたいと今後の夢を語っていました。そのため，インターネットで世界遺産探しを始めています。

　　この文例のNGポイントは，「インターネットで世界遺産探しを始めています」という部分です。この部分は，道徳科の評価ではありません。本来なら，この一文は削除してかまいません。しかし，一部の市町村や学校の通知表では，「道徳の時間＋日常生活での実践行動」について記述させる方針になっているところもあるようです。

　ESD「海洋学習」においては，身近な海での様々な生き物の不思議さやすばらしさについて感じ取ったり，考えたことをまとめ，発表したりしました。自然に対してすばらしいと感じたことを道徳の時間以外についても，表現する態度はさすがです。

　　「総合的な学習の時間」でのESD（持続可能な開発のための教育）の学習は，広義の道徳教育ですが，あくまで「特別の教科　道徳」の時間での評価を書くべきです。「教材『○○○○』の学習では，自然のすばらしさや偉大さを感じ取っていました。総合的な学習の時間の『海洋学習』で感じ取ったり考えたりしたことと関連づけて，自分の学びを道徳ノートにまとめていました」というような評価文にするとよいでしょう。

（吉田　浩一）

3章　「特別の教科　道徳」の通知表記入文例　NG文例付　◆　121

D −⑵

よりよく生きる喜び

〔第5学年及び第6学年〕
　よりよく生きようとする人間の強さや気高さを理解し，人間として生きる喜びを感じること。

🔴 内容項目の解説と授業のポイント

　「よりよく生きる喜び」は，22項目の最後に示されている内容項目です。つまるところ「人間はよりよく生きようとすること」で人生の充実を味わい，努力し，向上していく自分を意識することで「人として生きる喜び」を感じるものです。この内容項目は，「人生をあきらめること」とは対極にあり，積極的な人生を築きあげるためにあるといえるでしょう。

　けがや病気，思いがけない事故やトラブル，大切な人の死などにあうと，悲しみに沈み，予定していた行動，あるいは人生において大きな変更を余儀なくされます。また，目標をもって努力していてもうまくいかないことが続いたり，大きな挫折感を味わったりすることも生じます。しかし，そのことを乗り越えて挑戦的な人生を切り開いていくことで，さらに自分が高まっていくのです。

　「よりよく生きる喜び」を考える教材に，「真海のチャレンジ―佐藤真海―」（「私たちの道徳」文部科学省）があります。この教材では，大学のチアリーダーだった佐藤真海が，骨肉腫で右足を切断しなければならなくなったことを乗り越え，パラリンピックの選手になり，オリンピック・パラリンピック東京招致のための最終プレゼンテーションをするまでが描かれています。思い描いていた人生の変更を余儀なくされる大きな事態にも負けない生き方は，見習うべきところが大きいと思います。このように困難や悲しみを克服して生きている方の人生は，今後も教材化されると思います。また，大きな事件や事故を克服するまでもなく「よりよく生きる」ことは，日常的に心がけるべきことだと思います。

　授業においては，実際の映像や写真などを使うと効果的です。「この方の生き方や行動について学んだことは何ですか。それをノートにまとめてみましょう」と書く活動を位置づけておくと，道徳の評価に生かすことができます。

122

学習状況に注目した文例

授業中の発言・様子に注目した文例

　教材「○○○○」の学習においては，困難にも負けずに希望をもって努力し続ける□□の姿に心を動かされ，「自分も□□のように，どんなにつらくきびしいことが起きても，負けずにがんばりたい」と発言していました。

　けがをして挫折したけれど，見事再起を果たした羽生結弦選手を教材とした学習では，どのような事故や困難が生じても，前向きに捉え，乗り越えていく姿に「自分は羽生選手にはなれないが，同じようにがんばる気持ちを大事にしたい」と発言していました。

　説話で取りあげた「ものまねタレントのコロッケ」さんが，中学2年生の頃，右耳が聞こえなくなったけれど，すぐに気持ちを切り替えて積極的な生き方を始めた話に聞き入っていました。何事があっても，よりよく生きることが大切だということを感じ取っていました。

　星野富弘さんを教材にした学習では，首から下が動かなくなっても絵筆を口にくわえ，詩画集をつくり続ける生き方に感動していました。困難なことに出会っても，自分にできる生き方を見つけることが大切だと発言する◇◇さんに感心しました。

道徳ノート・ワークシートに注目した文例

　教材「真海のチャレンジ―佐藤真海―」の学習では，真海の生き方から学んだことを「弱い自分に負けず目標を掲げ，自分らしく前向きに生きていくことが大切だとわかった」と，ワークシートにまとめていました。

　教材「本屋のお姉さん」の学習では，何事も前向きに捉え，自ら進んで行動しようとするお姉さんに学び，自分を前向きに高めていこうとすることの大切さについて道徳ノートにまとめていました。

　教材「○○○○」から，自分の目標をもって，そのことに向かってひたすら努力し，高まったらさらに目標を高く掲げる□□の生き方に心を動かされ，「自分も□□のように，どんなことがあっても努力し続けるようになりたい」と道徳ノートに書き込んでいました。

　マザー・テレサの誰もが尊い，誰もが大切，その命を救いたいという気高い生き方に心を動かされ，「常に人のためによりよく生きることを学びました」とノートにまとめていました。

3章　「特別の教科　道徳」の通知表記入文例　NG文例付 ◆ 123

道徳性に係る成長の様子に注目した文例

自己評価等に注目した文例

様々な甘えやともすれば楽をしたいという迷いに打ち勝ち，努力を重ね，少し高いレベルの目標を目指し「よりよく生きる」ことを，自分でもがんばりたいと，「振り返りシート」にまとめていました。

教材「〇〇〇〇」の学習においては，よりよく生きることについての考えが，話し合う中でかなり深まり，新たに目標に向かって決意したことを自己評価カードにまとめていました。

教材「心の中のりゅう」の学習では，国民の幸福度の高いブータンの国王が言った言葉についての話し合いをもとに本当の豊かな生活について考えを深め，ワークシートにまとめていました。心の豊かさが大切であることを，自分なりの言葉で書き込んでいます。

人は自分自身に自信をもてないでいるために，劣等感をもったり，ねたんだり，恨んだりすることもあるが，困難な中でも前向きに努力した教材「〇〇〇〇」の□□の生き方に，よりよい生き方を学んだと，振り返りカードにまとめていました。

学期間・学年間における成長に注目した文例

教材「〇〇〇〇」や「□□□□」の学習を通して，誰もがもっている心の弱さとその弱さを乗り越えようとする心の強さについて話し合い，誇りをもって，よりよく生きようとすることの大切さについて考えを深めてきました。

教材「義足の聖火ランナー」では，クリス・ムーンの生き方に困難を乗り越える人間の強さや気高さを学び，自分の生きる喜びや生き方と比べながら，よりよい生き方についての考えを深めています。

最年少でノーベル平和賞を受賞したマララ・ユスフザイやマザー・テレサの生き方から人々を救う気高い心や行動について学び，人としてのよりよい生き方について考えるようになってきました。

内村航平や羽生結弦といったオリンピック選手の，目標に向かって絶えず向上していこうという生き方に深く感動し，自分の目標をもって努力すること，結果が出てもさらに高まろうとすることの大切さがわかり，日常生活においても努力し，向上する意欲が高まりました。

● NG文例と言い換えポイント

NG文例

少年野球でがんばっている◇◇さんは，教材「○○○○」で出会った□□さんの生き方に感動し，プラス思考でよりよく生きることが大切であるという考えを深めました。このことがあって，野球もさらにがんばっているようですが，道徳の授業についても積極的に自分の考えを発表する姿が見られるようになりました。

> この文例のNGポイントは，「少年野球でがんばっている」という部分です。道徳の時間と少年野球とを関連づけて評価していますが，日常生活と関連づけなくてよいのです。あくまで「特別の教科　道徳」の時間での評価であるべきです。

教材「マララ・ユスフザイ　一人の少女が世界を変える」に感動し，マララの書いた本『マララのまほうのえんぴつ』や，戦下で生きたアンネ・フランクなどの伝記を読み，平和を求めよりよい生き方をすることのすばらしさを学び，感想をまとめていました。

> この文例のNGポイントは，道徳の授業における評価のみならず，読書し，感想をまとめていることまで記述していることです。学校によっては，このような日常生活まで含めて評価してよいようになっているかもしれません。しかし，これでは読書生活に関しての評価文になります。道徳科の評価であれば「命をねらわれながらも，自分たちの権利は大切にされなければならないと行動に移したマララ・ユスフザイの生き方に感動し，よりよく生きるとはどういうことなのか自分の考えを道徳ノートにまとめていました」などの文の方がよいと思います。

教材「のぼさんの夢─正岡子規─」の学習では，結核をわずらっても俳句をもっと新しいものに生まれ変わらせたいと研究し続けた正岡子規に，よりよい生き方について学びました。道徳ノートには「病気など苦しいことにも負けず，夢をもって強い意志で努力し続けることが大切だ」とまとめていました。この学習後，俳句にも興味をもち，時々自学ノートに自作の俳句を発表していました。

> この文例も，最後の一文はいりません。これでは，道徳の学習で，俳句づくりへの興味・関心が高まったことになります。各学校での通知表では，評価欄の大きさで記入する字数が違います。しかし，無理に道徳科以外についての評価まで記入する必要はないと思います。

(吉田　浩一)

3章　「特別の教科　道徳」の通知表記入文例　NG文例付　◆　125

【執筆者紹介】（執筆順）

押谷　由夫	武庫川女子大学大学院教授
小野　勇一	大分県教育庁竹田教育事務所次長兼指導課長
遠藤　直人	新潟県村上市立平林小学校
八木橋朋子	千葉大学教育学部附属小学校
藤井　隆之	山口県宇部市立上宇部小学校
柳　　朱音	新潟県新潟市立岡方第一小学校
丸岡　慎弥	大阪府大阪市立香簔小学校
北川　　忠	石川県小松市立荒屋小学校
斉藤想能美	鳴門教育大学附属小学校
東小川智史	東京都国分寺市立第四小学校
植田　清宏	園田学園女子大学非常勤講師
中橋　和昭	石川県白山市立蕪城小学校
吉田　浩一	福岡県中間市立中間北小学校

【編者紹介】

『道徳教育』編集部（どうとくきょういくへんしゅうぶ）

『道徳教育』PLUS
小学校 「特別の教科 道徳」の通知表文例318
―NG文例ガイド付

2019年6月初版第1刷刊 Ⓒ編 者 『道徳教育』編集部
2020年6月初版第4刷刊 発行者 藤 原 光 政
発行所 明治図書出版株式会社
http://www.meijitosho.co.jp
（企画）茅野 現 （校正）嵯峨裕子
〒114-0023 東京都北区滝野川7-46-1
振替00160-5-151318 電話03(5907)6701
ご注文窓口 電話03(5907)6668

＊検印省略　　　　　　　組版所 広研印刷株式会社

本書の無断コピーは，著作権・出版権にふれます。ご注意ください。

Printed in Japan　　　ISBN978-4-18-296117-5
もれなくクーポンがもらえる！読者アンケートはこちらから　→

板書&指導案でよくわかる！
中学校の道徳授業
35時間のすべて
（1年〜3年）

京都産業大学
柴原 弘志 編著

「特別の教科 道徳」が全面実施となり、教科書での授業が始まる中学校道徳の授業をフルサポートする1冊です。各社の新教科書に掲載されている教材を用いた授業事例を指導案&板書とともに各学年35本収録。1〜3学期で使える通知表記入文例付でお届けします。

各176ページ／B5判／2,600円+税／図書番号：3811〜3813

小学校道徳
指導スキル
大全

東京学芸大学
永田 繁雄 編著

教材研究、導入、教材提示、発問、板書、話し合い構築、書く活動、振り返り、評価、ICT活用、予想外への対応等、授業力アップのための必須スキルを70本収録。指導に困ったときも、ステップアップしたいときも、今欲しい情報がすべて詰まった1冊です！

168ページ／A5判／2,060円+税／図書番号：3930

明治図書 携帯・スマートフォンからは **明治図書ONLINEへ** 書籍の検索、注文ができます。▶▶▶
http://www.meijitosho.co.jp ＊併記4桁の図書番号（英数字）でHP、携帯での検索・注文が簡単に行えます。
〒114-0023 東京都北区滝野川7-46-1 ご注文窓口 TEL 03-5907-6668 FAX 050-3156-2790

＊価格は全て本体価格表示です。